教育部首批新文科研究与改革实践项目"高水平商科人才机制创新与实践探索"（项目编号：2021090017）

U0582964

经管文库·管理类

前沿·学术·经典

政产学研协同培育高水平商科人才研究与探索

RESEARCH AND EXPLORATION ON THE
COLLABORATIVE CULTIVATION OF HIGH
LEVEL BUSINESS TALENTS THROUGH
GOVERNMENT, INDUSTRY, UNIVERSITY
AND RESEARCH INSTITUTIONS

主编　黄凤羽

副主编　薛立强　梁学平

经济管理出版社
ECONOMY & MANAGEMENT PUBLISHING HOUSE

图书在版编目（CIP）数据

政产学研协同培育高水平商科人才研究与探索/黄凤羽主编.—北京：经济管理出版社，2023.11

ISBN 978-7-5096-9500-5

Ⅰ.①政…　Ⅱ.①黄…　Ⅲ.①产学研一体化—人才培养—研究—中国　Ⅳ.①G640

中国国家版本馆 CIP 数据核字（2023）第 234914 号

组稿编辑：白　毅
责任编辑：白　毅
责任印制：许　艳
责任校对：王淑卿

出版发行：经济管理出版社
　　　　　（北京市海淀区北蜂窝 8 号中雅大厦 A 座 11 层　100038）
网　　址：www.E-mp.com.cn
电　　话：（010）51915602
印　　刷：唐山玺诚印务有限公司
经　　销：新华书店
开　　本：720mm×1000mm/16
印　　张：15
字　　数：262 千字
版　　次：2024 年 4 月第 1 版　2024 年 4 月第 1 次印刷
书　　号：ISBN 978-7-5096-9500-5
定　　价：98.00 元

前　言

从 2018 年 8 月党中央提出要"进一步提升教育服务能力和贡献水平，发展新工科、新医科、新农科、新文科"，到 2020 年 11 月召开的全国新文科建设工作会议发布《新文科建设宣言》，再到 2021 年习近平总书记在清华大学考察时指出"要用好学科交叉融合的'催化剂'……推进新工科、新医科、新农科、新文科建设"，"新文科"在我国已经走过了 5 年多的建设历程。

树立共建共享思维，政产学研协同育人，是提高高校人才培养质量的重要手段，也是新文科建设的核心内容之一。党中央、国务院高度重视政产学研协同育人工作，党的十八大以来作出多项决策部署。2019 年 2 月，中共中央、国务院印发的《中国教育现代化 2035》指出，要全面推行科教融合、产学研用协同育人的高等教育人才培养模式。中共中央办公厅、国务院办公厅 2019 年 2 月印发的《加快推进教育现代化实施方案（2018—2022 年）》指出，建设一流本科教育，要强化实践育人环节，完善实训教学体系，充分利用校内外资源，为学生提供更多实践机会。在此基础上，党的二十大报告对实施科教兴国战略、强化现代化建设人才支撑作出战略部署，指出到 2035 年中国要建成教育强国。这进一步为高校政产学研协同育人指明了方向。

天津商业大学坚持培养具有高度社会责任感、深厚商学素养的复合型与应用型创新创业人才，多年来高度重视政产学研协同育人，立足区域性、应用型、商科特色的办学定位，坚持创新发展、协调发展、内涵发展、特色发展、转型发展、开放发展，大力建设商科特色鲜明、对接社会需求的高水平大学。

本书系教育部首批新文科研究与改革实践项目"高水平商科人才培养的政产学研协同育人机制创新与实践探索"（项目编号：2021090017）的部分

成果。全书共计 25 篇文章，分为理论篇、改革篇、案例篇三大部分，内容既包括《依托特色学科群的高水平商科人才政产学研协同机制创新》等对理论的探讨，又包括《高水平商科人才培养的"1343"政产学研协同育人特色实践模式的探索》等对改革经验的总结，还包括《新文科建设背景下行政管理专业政产学研协同育人的实践探索与主要经验——以天津商业大学为例》等基于天津商业大学的案例研究，从多个层面反映了课题组对新时代高水平商科人才培养中政产学研协同育人问题的思考，希望能为新时代高校政产学研协同育人工作提供一定的参考。

限于我们的能力和水平，书中难免有不足与疏漏之处，恳请广大读者不吝赐教，批评指正。

编　者

2023 年 9 月

目　录

案例篇

理 论 篇

依托特色学科群的高水平商科
人才政产学研协同机制创新*

李海伟①　黄凤羽②

摘要：依托特色学科群建设，围绕优势产业，将学科建设链、人才链、创新链和产业发展链紧密结合，通过深化校内相关学科、校际相关学院、高校与政府部门、高校与行业企业四个层面的合作，发挥学校、政府、行业协会和企业的协同优势，弥补协同育人作用发挥不充分、资源共建共享程度不高、协同机制不健全等问题，通过机制创新，实现高水平商科人才培养质量的提升。

关键词：特色学科群；商科人才培养；政产学研协同；机制创新

一、引 言

（一）背景

党的二十大报告指出，要"全面提高人才自主培养质量，着力造就拔尖

---

　　*　本文系教育部首批新文科研究与改革实践项目"高水平商科人才培养的政产学研协同育人机制创新与实践探索"（项目编号：2021090017）、天津市普通高等学校本科教学质量与教学改革研究计划项目"'新文科'建设背景下经管类人才培养模式创新与实践研究"（项目编号：A231006902）阶段性成果。

　　①　李海伟，天津商业大学经济学院教授，经济学博士。
　　②　黄凤羽，天津商业大学副校长，教授，经济学博士。

创新人才"。在"新文科"建设和"六卓越一拔尖"计划背景下，本文以新经济形势下各行业领域人才需求为导向，以培养实践能力为重点，以产教融合为途径，以高校特色学科群为依托，立足新文科教育改革，侧重于商科类专业与政府、企业、社会在人才培养方面的不同地位与作用，探索如何通过管理体制的改革，创新政产学研协同机制，构建"产学研用"四位一体的高层次商科人才培养体系，发挥特色学科群的交叉融合与协同创新优势，实现提升人才培养质量、服务国家和地方经济社会发展的目的。

（二）特色学科群建设目标

特色学科群，是指为适应现代科技进步、经济建设和社会发展的需要，由若干相近学科、相关学科围绕某一共同领域，以一定形式结合而成的学科群体、学科体系。为进一步推进科教结合、产教融合，加强学科协作，促进高等教育与经济、科技与文化有机结合，全面提升高校支撑服务经济社会发展及行业产业创新的能力，促进特色学科群发展，各省（市）级教育部门陆续出台了相应的支持文件。例如，《天津市推进一流大学和一流学科建设实施方案》（津政发〔2017〕30号）就指出，"完善产学研用紧密结合的创新机制，依托全市本科高校优势、特色学科，组建对接产业发展的学科群""到2030年，更多特色学科（群）成为培养应用型创新人才的高地，成为服务国家重大发展战略和区域经济社会发展的重要引擎"。《天津市"双一流"建设项目实施细则》（津教委〔2017〕54号）提出，"由牵头学校协同其他高等学校相近学科，建立产学研用紧密结合的创新机制，建设一批跨校、跨学院、跨学科，联合我市企事业单位或机构，紧密对接我市主导产业和社会发展需求的特色学科群"。由此可见，学科群建设强调特色，强调对接产业发展需求，强调全方位的资源整合以实现协同效应，这些目标的达成急需体制机制的改革创新。

（三）依托学科群实现政产学研协同发展

特色学科群突破原有人才培养的专业边界，探索构建跨学科、跨专业、跨领域的创新型人才培养模式。建设过程中，围绕新商科高层次人才培养，试图通过深化"学科+行业+产业"的人才培养模式，从加强校内、校际、校政和校企之间的交叉融合，修订培养方案、改进课程教学、搭建合作平台、共建实践基地、完善双导师队伍等方面进行积极探索，在资源整合、协同发展、人才培养、科学研究、社会服务等方面积累了一定的经验，也为继续研究学科群的政产学研融合机制创新奠定了基础。

二、深化四个层面的协同，实现机制创新

天津商业大学现有应用经济学重点学科牵头的两个市级特色学科群，分别是"现代服务业"特色学科群（2017）和"数字经济与现代服务业发展创新"服务产业特色学科群（2023）。本文分析两个特色学科群在建设过程中如何立足人才培养质量提升和服务经济社会发展，通过强化四个层面的协同，促进政产学研深度融合。

（一）建设基础

现代服务业发展创新是天津商业大学特色学科群和新商科建设的重要方向，同时学校拥有金融学、国际经济与贸易两个国家级一流专业，金融学国家级特色专业，财政学和经济学两个市级一流专业，金融学、国际经济与贸易和经济学三个市级教学团队，以及"现代服务业发展研究中心"和"中国融资租赁研究与教育中心"两个市级高校智库。良好的专业和学科平台为应用经济学成为学科群牵头学科提供了坚实基础，管理、法学、信息、统计等相关学科在教学资源、师资队伍、交叉科学研究方面提供了有力支撑。校外学院和政府部门、典型企业的加盟为深化政产学研合作、优化育人模式等提供了实践实训支撑。

（二）深化四个层面协同

特色学科群通过校内、校际、校政（政府部门）和校企四个层面的协同发展，深化政产学研融合，以期实现特色突出、资源共享、共建互赢的目标。

（1）校内相关学科的协同。在"现代服务业"和"数字经济与现代服务

业发展创新"两个特色学科群的前期建设过程中，成立了由校学科办、各学院共同参与的领导小组，负责制定工作方案并安排落实。初步实现了相关学院在教学资源、科研团队、人才培养和学科交叉融合方面的协作。经济学院和理学院合作成立经济学数学实验班，开设数字经济方向课程，两个专业实现了师资、实验设备等教学资源的共享，培养具有深厚数学功底的经济学人才，实验效果良好。会计学、统计学和经济学教师联合申报国家级项目并成功获批。这些实践在一流专业建设、学科评估和博士点申报等方面发挥了积极作用。

（2）校际之间相关学科的协作。长期与校外合作单位保持密切合作关系。一是与南开大学等高校在学术项目、举办国内外学术论坛方面长期合作。二是成立京津冀经济学学科协同创新联盟，召开院长联席会议，先后承办第二届、第三届京津冀经济与金融协同创新发展论坛及京津冀产业发展与中小企业融资学术前沿论坛。三是与西安财经大学等高校成立融资租赁研究与教育联盟。四是围绕人才培养和教师研修与英国埃塞克斯大学等9个国外高校建立稳定合作关系。通过校际之间在课题申报、人才培养和学术交流等方面的合作，扩大了学科影响力，强化了学科差异化发展的优势。

（3）校政之间的协作。服务国家发展战略和地方经济社会发展是高校尤其是高校智库的重要职能。长期以来，我们与天津市委、市政府政研室、发改委、商务局、统计局、工信局，以及红桥、北辰、武清、南开区等政府部门和社科联等在政策制定、课题调研、咨政建言等方面开展了深度合作，在"十二五""十三五""十四五"规划制定、"一基地三区"建设、夏季达沃斯论坛、京津冀协同发展、自贸区建设等重大课题上建言献策，有些咨政成果获得市委、市政府领导的肯定性批示或被相关部门采纳。

（4）校企之间的协作。与中国诚信（国际）有限公司、市租赁行业协会、海航资本控股有限公司、融信天下资产管理公司、天物昌威国际融资租赁公司等19家单位形成了稳定的产学协同育人合作关系。以科技特派员、政府部门挂职锻炼、开展横向课题、参与法律条例修订、建立实习基地等形式，推动人才培养方式的创新，密切政产学研用之间的联系，共同促进学科发展和人才培养质量的提高。同时，经济学院作为中国工业经济学会副会长单位，受中国工业经济学会委托牵头成立中国工业经济学会现代服务业专业委员会，举办现代服务业系列高端论坛、"一带一路与现代服务业发展"国际研讨会等学术会议，进一步加强了应用经济学科与专业学会和行业团体的联系。

（三）协同发展的成效

学科群各参与方围绕现代服务业发展的理论和实践问题，结合数字经济产业发展趋势等开展全方位深度合作，学科水平和实力显著增强。各学科围绕现代服务业，在人才培养、科研团队组建、课题申报、论文发表和社科获奖方面实现了交叉融合。学术研究内容进一步聚焦，人才培养的复合型特征更加明确，与校外组成单位形成稳定的协作关系，呈现出较为明显的差异性优势和良好的发展势头。

（1）强化校政合作。天津商业大学作为市属唯一的商科特色本科院校，紧密对接"1+3+4"现代工业产业体系，高度重视学科链、产业链协调融通，不断完善需求导向的人才培养模式。依托两个市级特色学科群，为服务数字经济发展创新区建设提供有力的人才支撑，也为搭建政产学研平台、强化政产学研合作奠定了坚实基础。

（2）学术交流与协作效应日益凸显。注重加强京津冀高校、机构间的学术交流与协作。与北京工商大学经济学院、河北经贸大学金融学院签署了协同创新联盟协议并联合成立京津冀"经济学学科协同创新联盟"。与中国人民大学、南开大学等高校和中国工业经济学会等建立了协作交流关系。

（3）注重产学研结合。统筹社会资源，构建"商学素养与专业能力结合、知识学习与实践能力并重"的人才培养体系，与企业合作办学，形成深度培养与订单培养相结合的特色人才培养模式。融资租赁团队与众信双创科技股份有限公司等18家企业或机构签订金融专硕校企合作基地协议，聘请36位校外兼职导师。联合完成的《对接融资租赁业国家重大发展需求，探索融资租赁人才培养示范模式》等教学成果荣获市级教学成果二等奖。

（4）构建特色平台。搭建政府部门、行业协会、高等院校、企业四位一体的"资源共享、优势互补、互惠共赢"政产学研特色平台，与天津市发改委、天津市租赁行业协会、光大期货有限公司、中国诚信（国际）有限公司等签订战略合作协议，形成稳定的人才培养合作关系。其中，融资租赁人才培养在全国已初步形成品牌效应，积累了校企合作培养应用型金融人才的成功经验。

（5）联合培养人才。一是加强与各类企事业单位开展深度合作。与中国检验认证集团下属分公司共建"奢侈品鉴赏与文化"课程，联合天祥集团完成8个国际商务课程案例教学；与自贸通外贸服务公司共建"国际商务模拟决策实验室"；与中税网、深圳维度科技公司等合作出版《数据分析》等10余部教材。二是与行业导师共同培养学生。聘请全国会计领军人才作为会计学院学术型和专业型研究生校外导师，会展专业与北京优联信驰信息科技公司合作开展教材——《会展沙盘模拟实训教程》的联合编写立项，聘请企业高层讲授"会展沙盘模拟"和创新创业方法。选配10名科技特派员赴企业帮扶。法学院先后参与10余部地方法规的起草、修改和清理工作，13人被市政府聘请为政府法律顾问和智库专家。

三、高水平商科人才政产学研协同创新存在的问题

经过前期的探索，我校特色学科群建设取得了一定的成效，积累了一定的经验，但也存在一些制约政产学研深度融合和学科群发挥协同效应的问题和障碍，这些不足在一般地方院校中均有所表现，具有一定的普遍性。

（一）优势特色不够突出

主要表现为资源共建共享程度不高。习近平总书记在清华大学考察时强调，要用好学科交叉融合的"催化剂"①。但在特色学科群建设中，交叉融合缺乏深度，仍然存在各自为政、浮于表面的现象，各相关学科和研究方向相对独立，相互之间的内在联系还不够紧密，跨专业、跨学科、跨学院整合团队和资源，培养带头人、领军人才和学术骨干，共同申报重大或重点课题、组建研究团队，行业导师共同深度参与人才培养方案修订、教学大纲制定、

---

① http://www.xinhuanet.com/2021-04/19/c_1127348921.htm? ivk_sa=1024320u。

教材编著等的效果尚未完全显现，资源整合还相对薄弱，成果的归属、贡献度认定等存在困难。

（二）协同效应不够明显

一是校际之间的合作深度还不够，跨学校的联合人才培养和师资力量、教学资源共享层次还不够高。二是行业导师数量不足。特色学科群建设考核指标强调师资队伍中行业导师的重要性，在科研成果转换中强调参与行业标准制定的情况。而一般院校学科群在师资队伍建设上，与企业、行业的联系不够，行业导师和双师型导师数量偏少。三是科研成果转化方面，学科群和企业、行业联合制定、修订国家或行业标准、规范、指南、政策法规、发展规划等方面还存在不足。四是服务地方经济社会发展的能力还需要提升。高水平的决策咨询报告和获得省部级以上领导批示的研究成果数量有限，需要进一步加强与政府主管部门、行业协会的合作，共同参与课题调研和咨政报告撰写。

（三）育人平台不够健全

一是协同育人平台作用发挥不够。在以往的协同育人实践探索中，许多学校建设了多种形式的实习合作基地、产学研基地等平台，但相关主体的参与程度和关注点不同。二是协同育人资源共建共享程度不高。政产学研各主体在人才培养要素链、资源链、需求链上的融合度不高，在政府的政策导向、科研院所和企业的人才需求、高校的人才培养等信息和资源方面缺乏共享、交流和互动。

（四）管理体制不够完善

校内各学院各学科在协同过程中，成果在年终考核的认定、在学科评估和学位点建设中的归属等不明确。校外合作单位的责权利还不够清晰，难以保证各方深度地合作融合。在以培养复合型创新型人才为目标，构建有效的激励机制、考核机制、政策保障机制等全方位制度保障上还不到位。

四、通过体制机制创新，深化政产学研融合

（一）组织模式创新

（1）组织形式创新。牵手政产学研各单位共建学科群，学科群采取"本校多个学科+其他高校+行业协会+科研院所+企业"的协同合作形式，打造政产学研协同的产教融合平台。

（2）管理方式创新。学科群管理采取"学科群办公室+专家委员会+研究方向团队"的管理方式。①牵头学科下设学科群办公室，负责学科群建设方案的实施和日常管理。②设立专家委员会，由校内外5~7名相关学科领域专家教授组成，学术带头人领衔首席专家。③各学科设立研究方向，带头人根据研究方向和研究任务组建研究团队，受学科群办公室管理和专家委员会指导。

（3）运行方式创新。学科群采取跨学科、校内外协作的"产学研用"一体化运行体制，以项目和企业需求为导向，聚焦数字经济与现代服务业创新，开展学科、校际、校企之间的产教融合和人才培养活动。

（二）体制机制改革创新

（1）深化管理体制改革。设置管理部门、各学科、学位点和校外单位之间的会议机制与联络机制，制定管理办法，促进各学科与学位点积极服务课题建设与相应的教学改革。完善规章制度，学科群建设首先要加强顶层设计，从学校层面由主管校领导牵头，制定规范的建设文件，既便于纵向上对各部门、各学院进行总体协调，也便于对外与其他高校、政府部门、企业行业加强联系与沟通。

（2）优化信息共享机制。通过设立各方参与的管理机构和学术委员会等，定期召开会议沟通建设情况，明确目标任务，回应各方诉求，保持信息渠道畅通，促使政产学研各主体的相关信息实现更大范围、更及时的开放共

享，拓展各主体协同育人的广度和深度，寻求协同育人最佳效果。

（3）完善差异化激励机制。激励制度进一步规范。明确校内各方的责权利关系以及校外合作单位的利益。完善协同育人的激励政策，制定差异化激励标准，调动政产学研不同主体参与协同育人的积极性和获得感。

（4）构建目标导向的考核机制。在"破五唯"背景下，构建以目标为导向的多元化考核评价指标体系和评价方式，全方位反映协作效果和协同效应，结合定期访谈、问卷调查等手段，适时评估反馈协同育人效果，促进政产学研协同育人的良性循环。

（5）完善人才交流机制。探索高校与企业人才多元流动机制，设置灵活的师资聘用制度，选聘政府部门、行业协会、企业业务骨干、优秀技术和管理人才到高校担任产业导师、行业导师，促进课程内容与产业技术发展衔接、教学过程与行业实操对接、人才培养与产业需求融合。强化团队协作，打造产教融合联合体。支持学科带头人、科研骨干组建跨专业、跨学科、跨行业的研究团队，打造产教融合联合体或产学研联合体。

（6）完善双导师制。完善导师队伍选拔和培训机制。深化校企合作，建立校内导师培育体系；利用已有合作平台，将合作内容落实到人才培养具体环节；扩大校外导师队伍规模，优化双导师选聘机制；深化双导师合作交流机制，通过课程融合教学、组织教学案例联合开发、"导师组"联合指导等方式深化校外导师的合作交流。

（7）健全多元政策保障机制。适应政产学研协同育人的政策体系，完善和优化政产学研协同育人相关的保障机制，包括经费保障、资源投入、平台建设、管理服务等方面。

政产学研协同育人机制与高水平商科
人才培养体系的耦合机理研究*

徐　曌①

摘要： 将信息技术引入传统的商科领域，必然会对传统的工作流程进行重组和再造，高水平商科人才培养体系的建设离不开高效率的政产学研协同育人机制的有力支持。因此，需要推动信息和教学资源共享平台的建设，发挥两个系统相互促进的耦合效应。

关键词： 信息技术；商科人才；协同育人；平台

一、　研究背景

为加快建设高水平本科教育，全面提高人才培养质量，教育部于 2018 年 9 月印发了《教育部关于加快建设高水平本科教育全面提高人才培养能力的意见》，决定实施"六卓越一拔尖"计划 2.0，全面推进新工科、新医科、新农科、新文科建设②，新文科的建设目标在于改革现有人文社会科学学科的人才培养模式，以适应新时代对各类人才的需求。新商科是新文科的重要组

＊　本文系教育部首批新文科研究与改革实践项目"高水平商科人才培养的政产学研协同育人机制创新与实践探索"（项目编号：2021090017）阶段性成果。

①　徐曌，天津商业大学经济学院讲师，经济学博士。

②　苗兴伟. 新文科背景下师范类院校外语专业人才培养体系建设 [J]. 当代外语研究，2021（4）：72-81+102+2.

成部分，高水平商科人才培养体系的建设离不开高效率的政产学研协同育人机制的有力支持，两个系统既独立运行又相互影响，在理想状态下可以发挥相互促进的耦合效应。

（一）人才培养体系的含义

人才培养体系是为了实现人才培养目标，组织教学资源开展教学活动的各个子系统的有机组合。人才培养体系作为一个大系统，还包括思政育人体系、课程教学体系、实践教学体系、教学资源体系和教学管理体系几个子系统。其中，思政育人体系、课程教学体系、实践教学体系这三个体系都直接作用于学生，但其培养目标不同。思政育人体系主要培养学生正确的价值观，课程教学体系主要培养学生的专业理论知识和技能，实践教学体系主要培养学生的实践能力。但是三个体系之间也存在互相交叉的部分。例如，课程教学体系在培养学生专业理论知识和技能的同时也为思政育人服务，其中的思政类课程和专业类课程都会不同程度地贯彻思政育人目标，从而成为思政育人体系的一部分。实践教学体系也可以通过课程、课外的实践活动得以实现，同时也能贯彻思政育人目标。教学资源体系和教学管理体系相对于思政育人体系、课程教学体系和实践教学体系来说对学生的影响较为间接，在人才培养体系中起辅助性作用。

（二）传统人才培养体系的局限性

传统的人才培养体系主要适应工业化社会的需要，与信息时代的人才培养体系相比，其主要特点在于分工细化、稳定性强和精英化。各专业领域培养的人才进入相对稳定和封闭的工作岗位，在市场机制的基础上进行分工合作，并且传统的高等教学人才培养目标是培养少数拥有较强理论知识和应用能力的管理者。预设的情境是大学生毕业后指导基本缺少专业基础知识的工人操作大机器从事简单的体力生产工作。随着社会经济的信息化、数字化、智能化发展，传统的人才培养体系逐渐不能适应经济发展形势的新变化，人才培养急需新人才培养体系的发展和完善。

（三）高水平新商科人才培养的要求

高水平新商科人才的培养，最重要的特点在于新商科人才要适应数字经济发展带来的新变化和新挑战。商科人才的特点在于其主要工作不是直接的生产活动，而是组织生产活动。组织生产活动的关键是信息收集、处理、传递、决策和管理。传统的商科人才通过分工和专业化来提高工作效率，其工作的核心在于制度的建设和维护，包括市场制度和政府制度。在信息技术持续发展、人工智能快速进步的背景下，新商科人才高效组织生产活动的关键在于如何把信息技术和人工智能应用于生产组织活动的全过程。传统的商科人才是一种封闭性较强的模块化的专业人才，信息技术的发展和应用需要能在各传统专业模块之间建立有效连接的跨专业人才。信息技术引入传统的商科领域，必然会对传统的工作流程进行重组和再造，这会导致传统专业模块中工作环境的稳定性下降，这是技术进步和经济系统升级的必然结果，新商科人才必须能够有效地适应这一过程。因此，只培养传统的分工细化的专业性商科人才是不够的，数字经济时代需要更多地培养熟悉信息技术的跨专业新商科人才。以税收为例，"金税工程"的建设使税收征管工作的信息化水平越来越高，这就要求高校在培养财税人才时紧跟时代，快速升级教学内容，以适应新的税收征管工作需要。要培养适应新时代的新型高水平商科人才，人才培养体系就需要获取新的教学资源，而优质教学资源的获取离不开政产学研协同育人机制的有效支持。

二、政产学研协同育人机制与高水平新商科人才培养体系的耦合效应

（一）耦合的含义

耦合指两个或两个以上的体系或两种运动形式之间通过各种交互作用而彼此影响，从而联合起来产生增力，协同完成特定任务的现象。在社会复杂系统中，经济、资源、生态等子系统之间存在必然的内在耦合性。模块间的

耦合度直接影响系统的可理解性、可测试性、可靠性和可维护性①。

政产学研协同育人机制和高水平新商科人才培养体系是两个独立运行的系统。如果二者之间的信息和资源交换成本过高，就会导致两个系统联系不紧密从而无法产生耦合效应，两个系统的各自运行的效率都会相对较低。反之，如果在两个系统间建立了高效的联系机制，其间的信息和资源传递成本就会降低，两个系统就可以相互促进从而产生耦合效应，使两个系统的运行效率都得到显著提高。

（二）政产学研协同育人机制与高水平商科人才培养体系之间的耦合关系

高校的人才培养体系以人才培养目标为核心，要不断收集政策和行业信息，不断开展教学资源建设，为提高教学质量、实现人才培养目标而努力，这就要求高校主动建立和运用政产学研协同育人机制去获取社会需求信息和教学资源。政产学研各部门的职能特点决定了这些部门为高校提供信息和教学资源的积极性。政产学研各部门为完成各自的职能通常拥有各自内生的育人需要，可以开展相互独立的育人活动。其中，学校对育人职能最为重视，政府次之，产业和研究机构利用高校进行育人的动力较弱。产业和研究机构更多地依靠人才的选聘和在岗培训实现高校之外的人才选拔和培养，因此，政产学研各部门推动协同育人的积极性有所差异，需要高校主动推动协同育人工作。同时，各部门为高校提供信息和教学资源的积极性也与高校内部的人才培养体系的开放性有关。高校的人才培养体系开放性越强、各部门为高校提供信息和教学资源的成本越低、获取人才培养相关信息越便利，各部门为高校提供信息和教学资源的动力就越强，政产学研协同育人机制就会越趋于完善。此时，政产学研协同育人机制的效率就会对高校人才培养体系产生影响。政产学研协同育人机制越健全，高校的人才培养体系的开放性就会越强，就会越积极地获取社会需求信息和教学资源。政产学研协同育人机制与高校的人才培养体系之间互相需要，一方越完善对另一方的吸引力就越强，

① 张徐，赵丽. "三耦四融"一体化工程创新人才培养体系研究 [J]. 中国大学教学，2022 (7)：22-30.

从而使另一方不断完善自身，两个系统之间存在相互吸引的正反馈，也即存在着耦合效应（见图1）。

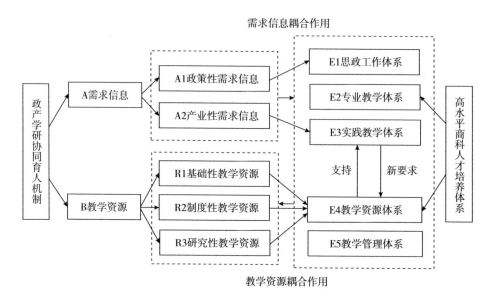

图1　政产学研协同育人机制和高水平商科人才培养体系的耦合机理

三、建设政产学研协同育人信息和教学
资源共享平台的耦合促进作用

　　政产学研协同育人机制和高水平新商科人才培养的耦合作用的充分发挥，以及推动人才需求信息和教学资源在政、产、学、研四部门之间的高效流动，关键在于信息和教学资源共享平台的建设。如图2所示，"高水平商科人才政产学研协同育人信息和教学资源共享平台"是连接政产学研协同育人机制和高水平商科人才培养体系的中心环节。在培养高水平商科人才方面，政产学研协同育人机制的有效运行可以为共享平台提供需求信息和教学资源，同时政产学研各部门可以通过共享平台获得信息和人才方面的支持，从而为各部门主要职能的发挥提供助力。另外，高校的高水平商科人才培养体系建设可以从共享平台获得需求信息引导和教学资源支持，同时，高校的高水平商科人才培养体系的运行可以为共享平台的运行提供支持和维护，并根据人才培养的实践经验为共享平台的建设提出新的要求和改进方向。各部门提供的信息和教学资源在共享平台中经过多方互动影响会发生质的提升，政府、产业、科研机构在日常工作中产生和获得的数据、经验、成果，在平台中经过人才培养体系的选择、利用和反馈之后，可以使这些数据、经验和成果被赋予教学资源的意义从而产生新的价值。新的信息和教学资源被引入人才培养体系之后可以提高人才培养质量，同时，获得的教学反馈可以对人才需求信息和教学资源提出新的要求，从而为政产学研协同育人机制提供指引，使协同育人机制本身更有效率。政产学研协同育人机制和高水平商科人才培养体系的相互促进可以提高两个系统整体的运行效率，使耦合效应得以充分发挥。

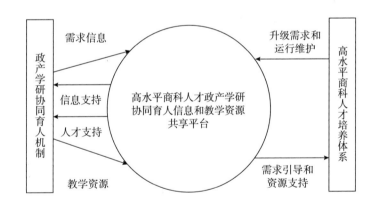

图2 高水平商科人才政产学研协同育人信息和教学资源共享平台的作用

高水平商科人才政产学研协同育人信息和教学资源共享平台的建设重点不在于实体的办公室或资料室，而更多体现为相关信息和资源共享的制度建设、渠道的维护和管理人员的投入。政产学研各部门工作信息的封闭性和保密性决定了信息和教学资源共享平台的建设涉及大量的制度调整，这本身也是政产学研各部门适应信息时代工作要求的具体体现，所以平台建设难以一蹴而就，必然需要长期的系统性改革升级来提供支持。

四、政策建议

要实现政产学研协同育人机制和高水平商科人才培养的有效耦合，就需要建设"政产学研协同育人信息和教学资源共享平台"，降低信息和教学资源在政产学研各部门之间的流动成本。同时，政产学研协同育人信息和教学资源共享平台的运行要以政府的新商科人才教育政策和商科相关产业的人才需求为导向，以学校的新商科学科建设、专业建设和人才培养目标调整完善为指引，以教学资源流动为主要内容，以教师为主体，以课程建设和实践教学活动为抓手，建立激励机制鼓励政产学研各部门之间的信息和教学资源流动。

（一）政府要成为政产学研协同育人信息和教学资源平台建设的主导者

政产学研协同育人信息和教学资源平台的建设一方面有利于政府、产业、高校和科研机构自身工作的开展以及部门利益的实现；另一方面有利于提高高校学生的工作能力，对政产学研相关部门来说，平台建设具有较强的外部性。

同时，平台建设带来的好处主要体现在人才培养水平得到提高，但对其的测度具有一定的难度和主观性，从而使平台提供的服务具有信息不充分的特点，单纯依靠政产学研相关部门难以形成持久的动力。

此外，平台的运行以政产学研的合作为基础，政策信息、行业信息、科研信息和各类教学资源的供给通常没有经济收益，可能在相当程度上限制了各部门参与平台运行的积极性。

综合来看，信息和教学资源共享平台本质上是一种公共服务，政产学研各部门都可以使用它，但最终需要政府来组织和提供。

（二）高校要成为政产学研协同育人信息和教学资源共享平台的维护者

虽然政府、产业、高校和科研机构都有育人职能和需求，但是育人工作在高校职能中所占的份额最大，同时高校在育人方面的专业性最强，在政产学研协同育人机制中具有核心和枢纽地位。高校的教学资源条件决定了高校便于与政府、产业、科研机构进行对接，成为政产学研协同育人信息和教学资源共享平台的主要建设者和维护者。

要发挥政产学研协同育人信息和教学资源共享平台作用，充分发挥政产学研协同育人机制和高水平商科人才培养体系的耦合作用，需要学校、学院和教师积极探索、学习利用平台提供的信息和教学资源。其中，学校层面应该做好平台的机制设计和管理维护工作，与政府相关部门、产业部门和科研机构保持有效联系，为平台资源的使用提供物质保障。学院层面应该充分利用平台信息，掌握新商科人才的政策环境、行业需求情况和可用的教学资源情况，灵活调整人才培养方案，不断设置新课程，有针对性地加强师资队伍建设。教师层面应该积极利用平台信息和教学资源提高课程的实践性。平台提供的信息和教学资源最终需要应用于课程建设和实践教学，而课程建设和实践教学活动也可以通过平台为政府、产业和科研机构提供学生情况反馈，提高新商科人才培养质量，支持政府、产业和科研机构开展工作。

（三）产业和科研机构应该成为平台建设的重要参与者

对于产业和科研机构来说，获得高水平新商科人才最终有利于产业和科研机构获得利润，同时，科研机构的科研成果在一定程度上可以借助政产学研协同育人信息和教学资源共享平台实现应用转化。但整体而言，平台在主要服务于人才培养的前提下很难为产业和科研机构带来直接经济效益。因此，平台的运行需要充分降低产业和科研机构的参与成本，并在制度允许的范围内探索产业和科研机构参与协同育人过程的获利机制。

新商科政产学研网络生态系统协同育人机制研究*

梁 辰① 王 誉②

摘要：在"破五唯"背景下，结合构建政产学研协同育人机制的需要，打造新商科智慧化信息管理机制、激励机制、考核机制、政策保障机制有机融合的网络生态系统，以调动政产学研相关主体的积极性，形成协同育人合力。创新智慧化信息共享机制，促进政产学研各主体的相关信息实现更大范围、更及时的开放共享，拓展各主体协同育人的广度和深度，寻求其协同育人的"最大公约数"。完善差异化激励机制，制定差异化激励标准，最大限度调动政产学研不同主体参与协同育人的积极性和获得感。构建目标导向的考核机制，尝试构建目标导向的考核评价指标体系和评价方式，结合定期访谈、问卷调查等手段，适时评估反馈协同育人效果，促进政产学研协同育人的良性循环。健全多元政策保障机制，适应政产学研协同育人的政策体系，完善和优化政产学研协同育人相关的保障机制，包括经费保障、资源投入、平台建设、管理服务等方面。

关键词：新商科；政产学研；网络生态系统；协同育人机制

互联网、云计算、大数据等新型技术与模式正深刻改变人们的思维、生产、学习方式。商贸服务业也已进入消费升级、互联互通、共享经济和商业

---

* 本文系教育部首批新文科研究与改革实践项目"高水平商科人才培养的政产学研协同育人机制创新与实践探索"（项目编号：2021090017）阶段性成果。

① 梁辰，天津商业大学经济学院副教授，经济学博士。
② 王誉，天津商业大学经济学院讲师，经济学博士。

的 3.0 时代。培养新商科人才、共建现代学习体系才能更好地应对诸多复杂挑战，实现可持续发展。2020 年 10 月，习近平总书记在中央政治局第二十四次集体学习时强调要促进产学研深度融合和协同创新。2023 年，中共中央、国务院印发的《数字中国建设整体布局规划》指出，要全面提升数字化建设的整体性、系统性、协同性，促进数字与实体的深度融合。在新商科政产学研协同育人的路上，高效建立网络生态系统、形成协同育人机制合力将是商科教育与时俱进的关键。

一、政产学研协同育人机制研究概述

（一）新商科政产学研网络生态系统的发展

随着大数据、计算机的高速发展，建立政产学研网络生态系统变得尤为关键。网络生态系统指的是依托网络文化、技术、平台等要素的网络生态有机整体，它是在信息化水平不断提升的基础上被提出的（赵越，2022）[1]。这与自然界的生态系统极为类似，生物群落与其生存环境之间，以及生物种群相互之间密切联系、相互作用，通过物质交换、能量转换和信息传递成为占据一定空间、具有一定结构、执行一定功能的动态平衡整体，即生态系统（董伟，2012）[2]。政、企、学、研作为一个生态系统，四者环环相扣、相辅相成，通过有效联动四者的资源，积极解决其在各自发展过程中存在的缺陷与不足，能够实现优势互补，共同促进科学技术创新、创新人才培养。网络生态系统的提出给政产学研的发展提供了一个新思路，潘郁等（2014）[3] 就结合产学研对接的现实需求和大数据的实际情况，提出了创建产学研技术创新平台的建议。

---

① 赵越.高校网络思想政治教育生态系统研究［J］.经济师，2022（7）：179-180.
② 董伟.计算机网络生态系统的科学发展［J］.黑龙江科技信息，2012（10）：106.
③ 潘郁，陆书星，潘芳.大数据环境下产学研协同创新网络生态系统架构［J］.科技进步与对策，2014，31（8）：1-4.

（二）新商科政产学研协同育人机制分析

政产学研协同育人需要各主体真正发挥各自优势，积极寻求合作协同点进行充分融合和深度合作。刘筱（2018）[①] 认为，产学研各方合作是利用各自优势资源，与其他主体通过优势资源共享和互补实现技术、知识、信息的共享和转移，进而提升各自核心竞争力与优势。秦艳芬（2016）[②] 强调建立政产学研科学长效合作机制，她指出，政府应通过制定各种政策措施，促进企业得到自己所需要的技术与人才，促进科研院所的科技成果有效转化，促进高等（工程）院校的人才就业。王鑫颖（2019）[③] 也认为，应该协同多方利益，加强人才培养力量，通过企业、高校、科技机构合作，共同完成教学建设和人才培养，形成实体协同效应。黄志刚和钟春玲（2016）[④] 提出校企合作、校研合作、校政合作、校校合作四种具体模式，旨在通过合作各方资源的融合共享，形成育人合力，构建开放、集成、高效协同育人机制。宋万杰等（2023）[⑤] 认为，政府应该发挥政策服务、资金支持、平台搭建等作用，积极鼓励和引导校企双方进行深度合作，行业企业和高校要充分对接，科研院所也要与高校多开展项目合作，让师生参与到项目攻关中来，促进双方的人才培养。

二、新商科政产学研网络生态系统的建立

对政产学研协同育人理论的研究多重视"协同"二字。基于协同机理，

---

① 刘筱．西部高职院校产学研协同创新的困境与路径［J］．当代职业教育，2018（3）：48-52.

② 秦艳芬．论政产学研的合作机制——兼谈大工程观背景下的工程教育发展［J］．高等工程教育研究，2016（4）：47-51.

③ 王鑫颖．"政产学研用"协同创新人才培养模式研究［J］．吉林广播电视大学学报，2019（9）：14-15.

④ 黄志刚，钟春玲．构建政产学研协同育人模式　推进地方院校一流本科教育［J］．教育与考试，2016（2）：74-79.

⑤ 宋万杰，赵爱平，赵婧祎，等．应用型大学新文科政产学研协同育人机制与模式研究［J］．科技风，2023（12）：84-86.

独立系统的各个子系统之间相互影响、相互制约，只有相互协同，形成合理的结构，才能发挥系统最大的整体功能（韩秀婷，2018）①。随着大数据、云计算、人工智能的发展，协同育人系统也被赋予了新的生机。"网络环境"（网络的硬件环境和软件环境）的构建是网络生态系统的基础，表现为信息化平台的创新。政产学研的个人主体与机构主体是网络生态系统中的"主体群落"，其主动性、意识性及目的性是主体群落的行为特征。通过创新信息化平台，建立网络生态系统推进政产学研协同育人将事半功倍。

为了解决政产学研育人信息的连通问题，需要建立一个协同的信息交流平台，平台将通过综合运用物联网、云计算和移动互联网等新一代信息与通信技术，实现移动终端应用信息的收集和云端信息的自动筛选，从而实现政产学研四大主体信息资源和需求的智能化管理、融合交流、实时共享和多向联系。平台发展的主要驱动力来自协同创新体建设完善后的运作，通过搭建一个数字化、智能化的产教融合、科教融合平台，同时和场景建设相互贯通，解决长期以来政产学研四大主体责任分割的问题。信息化平台作为信息传递枢纽，能有效减少信息的传递时间。这样一个技术性平台的构建，需要四大主体的通力合作。

（一）新商科政产学研网络生态系统的主体群落

在信息化平台的建设中，政府要发挥倾斜性财税政策和资金的引导效应，使社会育人信息资源在平台集中，带动教育界的思想育人方向实现实时性转变，帮助平台建设攻破资金筹集、信息整合、技术壁垒等一系列难关，加大对政产学研合作育人的支持力度。企业则应以自身实践经验为参考，帮助平台筛选优质的商业环境背景支持，定时全面更新用工需求，不断为平台注入创新活力，强化内驱动力。学校需要切实根据社会需求为平台的应用提供相应的场地和信息帮助，应用终端需要应用信息场地，而校园就是最佳的场地选择，教师自身的教学经验可以作为平台最初的信息来源，可提供一线教学信息，使平台建设与实际日常教学更加匹配，学生也

---

① 韩秀婷. 协同理论视阈下高职生工匠精神培育路径探索［J］. 新疆职业教育研究，2018（2）：79-81.

可以作为一线使用者随时随地使用、了解、反馈信息，从而使平台适配性加强，推动实现合作的目的。科研院所与政产学合作，作为连接政产学研合作创新网络体系中主体的桥梁，促进各主体之间的信息交流和知识分享，通过建立产学研基地，联合开展科研创新，推动科技成果的转化和在育人模式中的应用。

（二）保障新商科政产学研网络生态系统良性循环

创新信息化平台全过程实时监控维护系统是保障新商科政产学研网络生态系统持续循环的重要手段。建立平台全过程实时监控维护系统要同时落实监督质量和评价标准。首先对平台信息更新频率及质量进行监控。平台的开放过程中不可避免地会存在一定程度的信息混杂、质量堪忧的弊端。各主体要认真把控平台中自身信息的质量标准，坚决杜绝利用信息平台非法营利的情况发生，并且为违法行为建立完善的惩罚机制，在政府的强制性监管下保证平台的合法运行。作为平台使用者的各方主体在加入平台时需要签订使用协议，协议中须对违法行为进行特别标注。另外，针对政产学研四大主体育人信息建立恰当的评价标准，通过数据的实时变化判断各大主体是否在平台建设中发挥了各自的作用，设置使用者评价打分系统，一旦分数靠近最大限度，平台自动提醒相关主体，并处以一定的惩罚。同时监控使用者在平台的活跃程度和使用时长，定期筛选并清扫"僵尸用户"，减少资源占用，保证平台活性和信息反馈的有效性。

在良好的网络生态系统中，智慧化信息管理机制、激励机制、考核机制、政策保障机制是保证新商科政产学研协同育人体系运行的有效支撑，能调动政产学研相关主体的积极性，形成协同育人合力。政产学研协同育人的人才培养成效是系统工程整体作用的结果，协同育人机制的构建需要政产学研四大主体和第三方监督主体的共同参与，所以在高校育人流程中要关注各影响因素之间的协同互助，形成协同效应。因此，以协同的视角来构建立体化协同育人机制（见图1）对于有效发挥政产学研四大主体育人责任的协同效应十分必要。

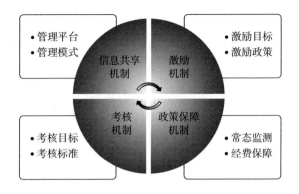

图1 政产学研协同育人的机制保障体系

三、创新智慧化信息共享机制

创新智慧化信息共享机制的目标是促使政产学研各主体的相关信息实现更大范围、更及时的开放共享，拓展各主体协同育人的广度和深度，寻求其协同育人的"最大公约数"。大数据信息平台立足于为全社会育人，所以应当在政产学研作为主体的前提下，动员全社会成员作为平台使用者参与到平台建设中来，合理利用平台信息的同时也为平台建设提出意见，通过加强平台的社会推广力度，不断扩大信息接触面和覆盖面，更好提升我国整个社会的育人思想理念，使育人信息更加集中、育人资源集中发力。用户是政产学研协同平台建设的最终归宿，市场的需求程度决定着高校知识创新成果和育人成效的商业机遇与市场前景，所以，基于思政育人要素和高水平商科人才培养需要，构建一个多元化主体广泛参与、资源共享、合作紧密的多主体育人生态，有利于协同培养品格优秀、知识复兴、学科专业交叉、创新实践能力强的高水平商科人才，从而更好地适应新经济形势下的市场，最大化发挥人才专业能力。

为保证协同育人机制良性运行和信息化交流的有机结合，必须根据自身可能出现的管理障碍和维护问题构建量身定制的动态信息共享系统，进行实时更新和反馈。在政产学研网络生态系统的建设中，不断开发和完善平台信息录入、收集、整合、分类、更新、查询等一体化系统，按时录入更新平台数据，构建大数据信息流专门管理机构，针对政、产、学、研四方面信息进行实时分析整合分类，缩短每个关键节点上获取信息的时间，做到资源的最大化整合，促进资源有效性、共享性的提高，增加信息也带动创新资源的优势互补和整体效用，激发创新主体的积极性。

四、完善差异化激励机制

完善协同育人的激励政策，制定差异化激励标准，最大限度调动政产学研不同主体参与协同育人的积极性和获得感。

协同育人机制的明显差异性一方面体现为各主体的优势和服务方式不同。四主体协同育人的优势显然是不一样的，可以综合自身的优势采取不同的服务形式，实现耦合协同，以便提供全方位的育人服务。另一方面体现为各主体的利益需求不同。政府希望提高育人效果，以实现国家现代化和助力创新型国家建设。企业希望可以满足自身创新型复合型人才的需求从而实现利润最大化。科研院所希望可以培养更多优秀的科研人员，实现科研成果生产力最大化。学校希望培育的人才社会满意度最高化。由此，新商科政产学研协同育人激励机制可以分为协调利益机制和合作互惠机制。

协调利益机制需尽可能地满足各方利益。搭建政产学研协同育人平台，做到资源的最大化整合，促进资源有效性、共享性的提高。在合作的过程中，定期组织研讨交流会，认真听取各方意见并改进；鼓励校企在国家法律允许的范围内，协商相关的合作事宜，约定双方的权利和义务；鼓励行业协会发挥协调作用，交流信息、制定标准等，助力校企合作。

合作互惠机制主要依托于校企合作。双方可以为彼此带来利益时，交往便可持续；某一方单方面付出，势必会导致交往中断。双方在谋求自身利益时，也需要提升自身价值，尽可能满足他人的利益诉求。对于学校来说，提高自己的综合实力才是对企业产生强吸引力的关键。在与企业保持良好互动的同时，加强企业所需人才的培养，调整培养方案，设置相关课程；在科技上不断创新，为企业提供科技和资讯支持；开设创业园区，聘请企业管理人员，鼓励大学生创新创业项目。对于企业而言，在获取到市场人才后，主动为学校建言献策，助力专业方向的制定和人才的培养；为学校实践活动提供帮助，如资金、场地和人员等。

五、构建目标导向的考核机制

在"破五唯"背景下，结合构建政产学研协同育人机制的需要，尝试构建目标导向的考核评价指标体系和评价方式，结合定期访谈、问卷调查等手段，适时评估反馈协同育人效果，促进政产学研协同育人的良性循环。

（一）构建合理的审核机制，建立反馈监督机制

高校要建立有效合理的审核机制。首先，在政府的引领帮助下，对于企业、高校及科研机构多方主体的培养方式、理念，教学愿景、环境，培养人才能力和教学综合实力进行系统全面评估，引导高校、企业与科研机构合作，促进政产学研协同育人的良性循环。其次，对学生的知识学习和实践能力进行考核。采取定期访谈、问卷调查、绩效考核等多样化方式对学生的知识学习和实践能力进行评估测定，考查学生的学习和实践能力，将评价得出的结果纳入学生培养教育体系中。同时，需要建立反馈监督机制，对高校、企业及科研机构多方主体的协同育人培养效果、培养过程进行考核，并对育人质量进行监督评价，避免出现多余资源浪费、教学质量不佳的情况。

（二）制定具体目标，完善考核体系

考核评价体系是新商科政产学研网络生态系统协同育人模式的重要组成部分。在模式建设中需要制定具体目标并健全新商科政产学研网络生态系统协同育人的考核评价体系。评价体系的构建可以从育人环境、投入、产出、途径和结果五个方面考虑。育人环境的考核标准包括相关法律法规、政府的

支持政策、企业高校科研院所数量和服务能力等；育人投入的考核标准包括资金的来源和数额、人才数量和教育机构建设等；育人产出考评指标主要包括学生创业率、就业率以及获奖数量；育人途径的考核标准包括育人方案的执行情况和执行中出现的问题等；育人结果的考核标准包括人才的创新创业意识、能力和收入状况等。

六、健全多元政策保障机制

建设适应政产学研协同育人机制的政策体系，完善和优化与政产学研协同育人相关的保障机制，包括经费保障、资源投入、平台建设、管理服务等方面。

（一）保障资源投入的开放性政策

为了更好地构建政产学研网络体系，要充分考虑到政产学研网络体系高度的开放、协同和创新，着力打造开放创新的政产学研管理体制，制定加强各主体间的沟通交流、促进共用信息资源的整合利用、解决人才培养与企业及社会需求脱节问题的相关政策，进而为学生提供跨学科、跨专业的全方位的综合培养教育（冯锋等，2013)①。政产学研各方在资金投入、违约责任和知识产权归属等具体政策落实上，也应建立权责监督机制，明确各方责任。

（二）支持平台建设的监督管理政策

新商科政产学研网络生态系统建立在信息化平台之上，应分主体、分部门负责信息平台的建设规划、建设经费、建设决策和监督指导，并出台相关政策，提高各主体协同育人建设的参与度，以及保质保量的持续性。制定政产学研协同育人战略规划，设计包括新商科政产学研网络生态系统的建设周

---

① 冯锋，戚湧，梁祎，朱长林. 基于协同创新的开放式政产学研网络体系建设研究［J］. 科技和产业，2013（7）：133-135+166.

期、建设策略、建设保障、期望建设成果等内容的详细措施。通过规划引领政府、企业、学校和科研院所的发展方向和任务目标，统一各主体的思想意识，发挥政产学研的合作协同效应，实现高效发展。

（三）扩宽经费来源渠道的投融资政策

政府要发挥倾斜性财税政策和资金的引导效应，使社会育人信息资源在平台集中。激励各主体加大在研究与建设发展方面的经费投入，设立专项资金和制定优惠政策，激发各主体进行科研创新的积极性。鼓励企业定期在业务收入中提取一定资金用于网络生态系统协同育人建设工作，加快生态系统构建，企业作为生态系统使用的受益人，可以收获更大的经济效益，形成良性循环。

新文科建设背景下适应高水平
商科人才培养路径的探讨*

周培远①

摘要： 在新文科建设背景下，地方高校以立德树人为根本任务，以学生发展为中心，不断突破传统的人才培养路径，建设有优势的特色专业，完善人才培养的协同机制。本文通过对目前新文科背景下高等院校高水平商科人才的培养路径进行探讨，提出明确人才培养目标体系、优化专业及课程设置、组建复合型师资队伍、搭建多功能教学实践平台、科学优化授课时间从而促进产教融合、建立健全多种学分积累与转换制度、加强政产学协同育人的商科高水平人才培养路径，汇总出目前商科人才培养路径新体系，为培养素质更过硬、知识更复合、学科更融合、能力更全面的高水平商科人才提供参考。

关键词： 新文科；商科人才；培养路径

2017 年，美国希拉姆学院最早提出"新文科"的教育理念，主要是想对以往传统文科进行学科重组，通过学科交叉等方法把新技术融合到文科等相关课程中去。2018 年，我国教育部高教司在"四新"建设中明确提出"新文科"及"新文科"建设。2019 年，"六卓越一拔尖"计划 2.0 新闻发布会在津召开，旨在积极推进"四新"建设，高校不断完善实践教学和协同育人机制，努力培育以人才培养为中心的质量文化，提高高校服务经济社会发展的能力。2020 年，新文科建设工作会议召开，发布了《新文科建设宣言》，并

---

　　* 本文系教育部首批新文科研究与改革实践项目"高水平商科人才培养的政产学研协同育人机制创新与实践探索"（项目编号：2021090017）阶段性成果。
　　① 周培远，天津商业大学会计学院工学硕士。

对"新文科建设"作出了全面部署。

在新文科的建设背景下，探索高水平商科人才培养路径，培养出素质更过硬、知识更复合、学科更融合、能力更全面的新文科人才显得极为重要。本文着眼于商科视角，结合新文科建设背景下对高水平商科人才培养的新要求，探析出目前高水平商科人才培养路径新体系。

一、新文科建设背景下对高水平商科人才培养的新要求

与传统文科教育相比较，新文科建设要满足现代社会发展的需求，它是多种学科的融合与协同。在人才培养方面，需要突破传统专业与学科的局限性，在多学科专业和技术相融合的背景下，发挥新文科教育的优势。新文科建设对高水平商科人才的培养提出了新的要求。

（一）更复合的知识储备

面对目前经济发展数字化、信息化、国际化的趋势，人才培养标准也需要进行重新定位。新商科专业一般是由多学科交叉融合而成的，即将理工科知识技术、其他相关商科知识技术与特定新生学科专业知识技术交叉融合成全新的学科和专业。同时，新商科专业打破了传统学科专业的壁垒，推进了学科专业之间的深度融合，是一种全新、全方位、开放式的教育模式，新商科教育要面向国际、产业和社会化，要由学历教育向终身教育转型，由课堂教学向实践教学、信息化教学延伸，不断提高商科人才的知识储备。

（二）更强的能力特征

新文科建设面向未来布局发展建设目标，新商科人才培养要具有前瞻性，要在理论学习研究的基础上进行创新，通过对技术改革、经济发展和行业变化的分析研究，提高新商科人才的创新意识和创新能力。在新文科建设背景下，商业领域也面临着数字化和科技化的挑战，因此，高水平商科人才需要

具备数字化和科技化能力，如数据分析、人工智能、区块链等技术应用能力，以适应数字经济的发展趋势。同时，伴随着我国世界地位的逐步确立、经济在全球影响力的不断扩大，新商科人才培养还要重视学生国际化视野和跨文化沟通交流的能力。

（三）更多元的实践平台

新商科人才培养需要注重理论知识与商业实践的关联，需要给学生提供科研项目、模拟项目和实践项目等多种学习平台，提高学生的专业能力和综合素质。新商科人才培养的实践多元性在于建立以商科院校为中心，与政府部门、研究机构、企业单位等多元主体实现平台共建、资源共享、产教融合、价值共创的模式，完善全链条协同育人机制。

（四）更好的道德素养

新的商业环境下，法律制度和法律体系更加完备，更加强调商业伦理价值观和社会责任感，对商科人才也提出了更高的道德要求。在新文科建设背景下，高水平商科人才培养除了要强调学习跨学科融合的知识之外，还要不断强化价值引领，牢牢把握新商科人才教育的价值导向性，强调对学生"素养"的培养。学校要持续开展思政课程建设，提高学生的思想觉悟、道德水平、文化素养，使学生具备公平交易、社会公益等方面的意识和责任感，注重商业行为的道德规范，培养出具有高尚品质、独立人格和社会担当的新型商科人才。

二、新文科建设背景下高水平商科人才培养路径

新文科建设背景下的高水平商科人才培养路径要以育人、育才为中心，建立健全学生、学术、学科一体的综合发展体系，把握教育的价值导向，坚持立德树人，通过明确人才培养目标体系、优化专业及课程设置、组建复合型师资队伍、搭建多功能教学实践平台、加强政产学协同育人等路径，提高

学生思想觉悟、专业素养、实践能力，培养高水平的商科人才。

（一）明确人才培养目标体系

在新文科建设的背景下，人才培养目标的确立要按照自上而下的思路，从国家现状和发展战略、行业产业发展现状和未来发展趋势角度去分析，结合具体的岗位和技能需求，培养与新产业领域和商业形态相适应的高水平商科人才。考虑专业学科的交叉，打破传统人才培养思路的壁垒，鼓励学生进行跨学科学习，结合人文学科和商科的知识，培养学生全面的思考能力和商业洞察力。同时，借助于政产学协同育人的模式，不断挖掘完善多方位的教学实践平台，提高学生的创新和实践能力，将新技术实践应用引入人才培养方案，建立能够满足社会对复合型高水平商科人才需求的培养体系。在新文科建设背景下，高水平商科人才的培养涉及面十分广泛，而且影响人才培养的因素较多，培养目标和培养计划不可能简单论之，高校要认真做好顶层设计，仔细分析规划人才培养改革的各项内容、各个阶段和各种路径，充分借鉴国内外相关建设经验，稳中求进。

（二）优化专业及课程设置

高校在进行新商科人才培养时，要在遵循学校人才培养的内在逻辑和基本规律的基础上，持续推进学科专业之间的融合创新。高校可以从需求、特色和目标三方面出发，来进行专业的优化。高校可以结合政产学协同培养，借助政府部门、研究机构、企事业单位等平台，对目前社会产业结构、地方产业对人才需求变化等进行充分的调研，并在此基础上对学科专业进行优化布局。同时，学校在进行专业优化时要以自身的专业特色和办学定位为基础，将自身的特色专业学科资源融入到新的专业建设中。另外，要坚持目标导向，重视专业优化的质量和标准，不能忽视教学培养质量，新开设的专业要严格按照国家教育标准，提升专业建设整体水平。要始终以学生为中心，坚持产出导向、不断完善改进，构建商科教育的质量保障体系，建立健全以大数据为基础的商科教育质量常态化监测体系，强化高校教育质量保障意识，促进高水平商科人才培养能力的不断提升。

课程设置要按照新文科建设要求，将新文科的相关课程与商科课程相结合，建立综合性的商科课程体系。充分考虑并做好基础学科与新兴学科的有效融合、专业学习与实习就业的有效融合、线上和线下混合式学习的有效融合。通过政产学平台多方合作对做好课程规划设置，支持优势特色专业、新兴行业的发展，建设国家级、省级一流课程。同时，在课程设置的过程中，需要对课程的质量进行提高，在保证商科专业基础知识夯实的前提下，深化与交叉学科的融合，应注重理论与实践的结合，突出能力导向与多学科交叉融合的课程设计理念。在设置交叉学科课程时，要学会依据商科教育和学生发展规律来不断进行调整、变化和完善，系统分析整合课程设置，形成高度系统的商科专业课程。

（三）组建复合型师资队伍

在新文科建设背景下，要对培养高水平商科人才的师资能力标准进行探索分析，不断加强师资队伍建设，构建具有复合型知识体系和专业背景的师资队伍。学校要不断强化"双师型""引进来"和"走出去"的师资培养理念，不断拓宽教师发展渠道，在师资队伍构建过程中，要加强对教师的培养，通过学习新知识、理论、技术引导既有教师向复合型教师转型，通过引进、兼职聘任、专家指导等方式构建与人才培养目标和专业课程设置相适应的复合型商科教师队伍。可以聘请企业专家作为企业老师，为学生教授部分实践课程；可以聘请行业专家，定期为学生开展专题讲座，通过线上和线下相结合的模式引进国际导师为学生授课，让学生充分了解到行业的发展变革和实践教学内容的革新。

（四）搭建多功能教学实践平台

在新的行业发展和商业模式下，学生需要具备更强的理论联系实际、学以致用的能力，因此，提供更多的适应新商科实践要求和技能需要的实训实验平台，让学生能够将理论知识应用到实际情境中，培养解决问题的能力和积累实践经验就成为必不可少的环节。学校需要结合人才培养目标体系、专业课程设置等情况，为学生搭建多功能教学实践平台，打造融教学、实训、实习为一体的教学实践中心，在人才培养、科学研究、实践操作、服务社会等方面提供优质服务，让学生在仿真度高的实践环境中了解真实的工作流程，学即可用，毕业后能顺利地适应工作，更好地服务区域经济发展。

同时，学校还可以结合教师教学和学生学习情况，搭建集"教、学、测、评、管、服"于一体的教学实践平台，充分利用平台上优质的商业课程案例等教学资源，结合教学实践平台开展课内外、线上线下、校内外交融互补的混合式学习。鼓励引用接力教学、一堂多师等教师模式，使由学校教师、行业专家、国内外学者等组成的跨专业、跨学科、跨领域教研团队进行同研、同堂、同评。借助教学实践平台来推进学生学时调整，让课堂上有更多的时间来进行案例分析、交流研讨和汇报展示等深层次学习。同时，借助教学实践平台，老师可以通过采集学生学习实习情况的数据，从而进行分析、管理和评价，如实掌握学生学习实习情况，有利于后期因材施教，提高每位学生的综合能力。

（五）科学优化授课时间从而促进产教融合

学生通过创业可以学会如何将理论知识应用到实际工作中，可以锻炼自身的意志，提高自身的学习应用能力，为今后就业做好知识、能力的储备。因此，学校应充分考虑学生在大学期间创业的情况，应该科学合理地优化授课时间。学校应对传统的授课、排课方式进行改革，可以设置多个学段，同时不断完善学分制，给大学期间创业的学生提供多种选择的空间，充分满足学生创业时间上的特殊需求，以便学生做到学业和创业兼顾。同时，学校在制订高水平商科人才培养计划时，要考虑到学生需满足实体经济的需要，要选择产教融合的培养模式。学校既要考虑到学生理论知识的学习，又要考虑到学生实际应用能力的习得，不断加强校企合作，给学生提供更多就业信息和假期学习实践的机会，让学生在自主创业或实践学习过程中，锻炼自我的理论应用能力、实际操作能力，培养自身的职业目标和素养。

（六）建立健全多种学分积累与转换制度

在新文科建设的背景下，高校教育考核除了采用传统考试的形式外，还可以采用如论文、课题研究、实验实习、大创比赛、专利发明等多种形式的多元化考核方式。学校需要在相关调研的基础上，对多种形式的考核方式设置合理的学分，并制定出合理的学分转换制度。学校需要为有意愿采用多元化考核方式的学生建立专项的成绩单和档案等,如实记录、评价并量化学生完成的情况。学校应该不断扩展教育资源,利用校内外教学实践平台,为学生提供多种形式的考核机会,通过这种方式来提高学生的创新创业能力。

(七) 加强政产学协同育人

在新文科建设背景下,高水平商科人才培养必须与现阶段地方产业实体经济发展的需求相匹配,政产学协同育人既要注重理论知识的教授,又要注重实践经验的应用。要结合地方产业实体经济发展的需求,积极引入社会资本和地方行业资源,探索以政府部门、研究机构、企业单位为主体的联合办学模式,打造政产学协同育人的命运共同体。坚持政产学协同育人方案,共担育人责任,促进政府、企业和学校等主体共同发展,实现政府、企业和学校等主体共赢发展。邀请行业专家走进课堂,与老师共同讲授专业知识和实务课程;鼓励教师走出学校,走进企业,将理论教学融入实践中;组织学生进入企业,进入相关岗位进行实践锻炼,进一步拓展政产学协同育人模式,培养出适合企业需求的高水平商科人才。

三、结语

面对新产业发展状态、新运营模式和新技术发展,新文科建设应运而生,作为新文科建设的重要组成部分,同时又与我国经济发展和行业市场需求关联紧密的商科教育显得尤为重要,新商科融合创新势在必行,人才培养新路径的探索成为了不可抗拒的时代要求,地方高校应主动探索在融合型人才培养实践中,以立德树人为根本任务,以学生发展为中心,突破传统路径依赖,建强优势特色专业,完善人才培养协同机制。高水平商科人才的培养路径应该注重理论和实践的结合、文科与商科的融合,围绕专业优化和课程设置、师资队伍的建设、多功能教学实践平台的搭建、建立健全多种学分积累与转换制度等,与政府和企业开展深入合作,探索打造"专业特色鲜明、与产业紧密联系"的新商科建设路径,培养具备综合能力、创新精神和国际视野的人才。

参考文献

［1］李亚荣，张雪鹏，张瑞．新文科背景下融合型商科人才培养探索与实践［J］．商业文化，2022（8）：119-121.

［2］何瑛，郭家荣，苏欣．跨学科交叉融合与新文科人才培养路径：基于商科的视角［J］．商业会计，2021（19）：11-16.

［3］张宜君．新文科背景下应用型本科院校商科人才培养模式研究［J］．老字号品牌营销，2023（1）：168-171.

［4］马丽莹，李兆华，俞慕寒，等．新文科建设背景下商科教育改革的路径研究［J］．现代审计与会计，2020（12）：11-13.

［5］王玉，杜勇．新文科建设背景下再看新商科的内涵、外延和特征［J］．商业经济，2021（7）：174-176.

［6］范露华，林娟．地方本科高校新商科人才培养体系探索与实践［J］．长春工程学院学报（社会科学版），2021（4）：140-144.

［7］龙宝新．中国新文科的时代内涵与建设路向［J］．南京社会科学，2021（1）：135-143.

［8］穆阿娟．新文科背景下应用型本科院校商科人才培养模式研究［J］．商业文化，2021（22）：111-112.

［9］江涛涛，王文华．新文科建设背景下商科创新创业教育改革研究［J］．财会通讯，2021（21）：173-176.

高水平商科人才培养中的政产学研协同育人主体价值共创的逻辑理路探析*

安晋军①

摘要：培养高水平商科人才需要政府、产业界、学校和研究机构等多方社会力量参与，在协同育人过程中实现政产学研价值共创具有现实可能性，价值共创是基于培养高水平商科人才目标的政产学研合作的基石，是一个互惠共享的过程，核心共创价值和外围共创价值之间相互支持、相互促进，可以实现政产学研各自利益最大化。高水平商科人才培养中政产学研价值共创围绕价值主张、价值创造、价值传递和价值体验逻辑展开。高水平商科人才培养中政产学研价值共创的实现途径主要有如下三条：一是构建以大数据为支撑的价值共创服务机制和平台；二是和聚有利于政产学研价值共创的操作性资源；三是建设基于高水平商科人才培养的政产学研价值共创文化。

关键词：高水平商科人才培养；政产学研；协同育人；价值共创；核心共创价值

随着数字经济时代的到来，商业环境发生了很大变化，社会对商科人才有了许多新的期待，提出了更高的要求。能否培养出高水平的商科人才，是衡量商科院校发展质量和水平以及新商科建设和发展成效的重要指标，其在很大程度上影响着经济社会的发展活力。高水平商科人才的培养是一个庞大

---

* 本文系教育部首批新文科研究与改革实践项目"高水平商科人才培养的政产学研协同育人机制创新与实践探索"（项目编号：2021090017）阶段性成果。

① 安晋军，天津商业大学马克思学院副教授，哲学博士。

而复杂的系统工程，需要政府、产业、学校和研究机构等多方社会力量共同参与，开展协同育人工作，这是由新商科的综合创新性和高水平商科人才的复合高阶性决定的。

政产学研协同育人模式下的高水平商科人才培养"注重人才培养主体的多元性、培养资源的聚合性以及培养过程的体系性；注重通过破除多元主体之间的体制机制桎梏，以科学的机制设计整合政产学研优质教育教学资源，广泛促进各主体形成互为要素、互为动力、互为制约的长效联动机理"。① 在此模式的运行过程中，政产学研四大协同育人主体固然有自身独立的价值追求，但是诸多价值追求之间并非绝对的对立冲突；相反，它们因协同育人聚合到一起从而实现了价值共创。价值共创是政产学研协同合作的价值旨归，也是重要动因。

一、基于高水平商科人才培养目标的政产学研价值共创的内涵及可能性

（一）基于高水平商科人才培养目标的政产学研价值共创的内涵

高水平商科人才供需问题的解决，一方面需要作为人才培养实体的高校协同政府、产业界、研究院所等社会力量，以社会需求为基本导向为社会输送商科人才；另一方面也需要在商科人才供需双方之间建立沟通对话机制，以促进人才、资源、信息等要素顺畅流动。同时，更要破除供需双方的利益阻隔，致力于建设一个职能明晰、利益共享的政产学研价值共创共同体。

价值共创理论（Value Co-Creation，VCC）是由美国学者 Prahalad 和 Ramaswamy 在 2004 年首次提出的，其核心思想是消费者作为价值创造主体参与到企业产品或服务的价值创造过程中，并通过协同合作来实现各价值创造主

---

① 孟庆瑜、李汶卓. 政产学研协同育人模式下我国立法人才培养的问题审思与机制创新 [J]. 河北法学，2022（10）：76-96.

体的利益最大化。① VCC 被广泛应用于管理学、营销学、信息科学等领域，产出了很多有价值的研究成果。"价值共创是指企业与用户相互传递价值，并在互动中整合，并最终实现价值共同创造的活动。该理论发展至今已形成以服务主导逻辑、服务逻辑和顾客主导逻辑为主的三大理论体系。"② 鉴于政产学研均是价值创造主体，且相互之间具有服务与被服务的关系，所以在政产学研协同育人、高水平商科人才培养中引入价值共创理论是可行的，价值共创是政产学研合作的基石，可以在很大程度上打破利益阻隔，实现自身利益最大化。

本文基于培养高水平商科人才的目标探讨政产学研协同育人，高水平商科人才的培养是政产学研协同育人主体的核心共创价值，面向政府、产业、研究机构主体层面共同创造的价值属于外围共创价值。具体地，提高政府治理效能，更好服务群众，是政府角度的共创价值；改善经营，生产更多优质产品，获取最大利润是企业角度的共创价值；产出更多的研究成果，转化为现实生产力，实现最大化的经济效益和社会效益，是研究机构的共创价值。价值共创是一个互惠共享的过程，政产学研任何一方都不应不顾合作方的利益，人才、知识、资金、政策、资源、信息、研究成果等都是各方合作的介质和载体，其中，作为培养人才的重要阵地，高校是其中更为主动的一方，应当与政府、产业和研究机构等价值主体主动对接，积极沟通，加强合作，努力培养高水平商科人才。

（二）基于高水平商科人才培养目标的政产学研价值共创的可能性

1. 国家出台相关文件为政产学研价值共创提供了政策支持

党的二十大报告将科技、教育和人才并立论述，其蕴意极其深邃，其中的一大深意便是要统筹协调推进科技、教育和人才工作，发挥三者相互支持、相互促进的作用。

2014 年，教育部启动实施"校企合作专业综合改革项目"。2016 年，该

---

① 周宇生，袁勤俭. 价值共创理论及其在信息系统研究中的应用与展望 [J]. 信息资源管理学报，2021（6）：17-26.

② 刘高福，李永华，聂晶. 价值共创视角下线上健身社区的治理模式研究 [J]. 武汉体育学院学报，2023（5）：13-20.

项目更名为"产学合作协同育人项目"。2020年，教育部办公厅印发了《教育部产学合作协同育人项目管理办法》。同时，一些省市也出台了相关文件，如天津市先后印发了《关于深化产教融合的实施方案》《支持天津市人才创新创业联盟发展的若干措施》等文件，上述文件的出台为政产学研协同育人提供了有力的政策支持和目标指引。

2. 大数据和数字经济的快速发展为政产学研价值共创提供了良好环境

大数据和数字经济的快速发展为新商科建设和发展提供了大好机遇，为商科人才培养指明了方向。在此背景下，政府为了更好地利用先进科技改进管理，提高治理效能，企业为了更好适应数字经济时代，改善经营管理，创造更多利润，也需要寻求与高校和科研院所等单位的合作，以获得智力和人才支持。于是在政产学研价值共创问题上更容易达成共识，而数字化和大数据亦可以为政产学研价值共创提供平台支持。

3. 高等教育高质量发展为政产学研价值共创提供了强大动力

当前，党和国家不论是在理念还是实践层面都十分重视高等教育的高质量发展，高质量发展已然成为各高校发展建设的主导方向，高水平的人才培养是高校高质量发展的一个重要风向标。高校越来越意识到，培养高水平的人才再也不能闭门造车了，尤其是紧跟社会发展形势的高水平商科人才的培养，必须积极运用快速发展的高新技术，对接社会需求。这无疑为高校积极开展与政府、产业界和研究机构的合作，开展协同育人和价值共创提供了强大的动力。

二、高水平商科人才培养中政产学研价值共创的内在逻辑

借鉴价值共创结构和过程理论，高水平商科人才培养中政产学研价值共创主要包括四大环节，即提出价值主张、进行价值创造、进行价值传递和进行价值体验。

（一）提出价值主张

提出价值主张是高水平商科人才培养中政产学研价值共创的首要步骤。高水平商科人才培养是商科院校的基本价值主张，也是政产学研协同育人主体共创的核心价值。高水平商科人才的定义，不应由高校等教育主体单方面确定，而应该在面向企业、政府等行业部门进行广泛深入调研的基础上共同研讨商定。高水平商科人才的培养，必须着眼于社会需求，充分吸纳用人单位的意见和建议，然后基于高水平商科人才培养目标制定人才培养方案。

同样地，政府、产业界和研究机构的外围共创价值，一方面由各自的价值主体主导提出自身的价值主张；另一方面也要考虑协同各方的需求和意向。比如，企业具有经营主导权，但要接受政府的宏观调控，要符合国家的相关政策，这样才能更好地兼顾经济效益和社会效益。核心共创价值和外围共创价值之间是相互支持、相互促进的关系，只有照顾了合作各方的利益诉求，才能通过协作实现自身利益最大化。

（二）进行价值创造

价值创造是高水平商科人才培养中政产学研价值共创的核心和关键。从协同创新的理论视角来看，政产学协同育人理念源于"三螺旋"理论。美国社会学家亨利·埃茨科威兹首次采用"三螺旋"模型分析了知识经济时代下政府、产业和大学间的关系。勒特·雷德斯道夫进一步阐述了三者间的有效互动是推动知识生产、传播和创新的重要因素。由政府及下属机构组成的政策链为产业和高校等科研机构提供政策与资金支持；由各相关产业企业构成的生产链为高校等科研机构提供人才培养导向、设施、技术、资金等支持，为政府创造经济效益；由高校等研究机构组成的知识链根据产业发展方向为企业提供创新型的人才、为政府提供文化效益。[①]

基于高水平商科人才培养目标这一核心共创价值，商务、税务、工商等政府部门可以提供政策支持和指导；企业等产业界可以在探究高水平商科人才的内涵及具体培养流程等方面提供专家实务操作指导，亦可以为学生实习

---

① 刘冰，徐娜. 以产学合作协同育人推动高质量人才培养［J］. 中国高等教育，2022（Z3）：55-57.

实训提供机会和平台；研究机构可以与高校教师开展项目研究合作，依托项目培养学生的科研创新能力，同时也可以将最新的研究成果运用到课堂教学中，让学生能够及时了解行业最新研究动态，有利于拓宽视野，增长见识。

（三）进行价值传递

价值传递是高水平商科人才培养中政产学研价值共创的衔接环节。通过价值传递，一方面，政产学研协同育人主体对价值共创成效以及自身在价值共创中的贡献度能够有比较全面的了解；另一方面，也便于价值主体进行价值评估和反馈。就高水平商科人才培养这一核心共创价值而言，其显现方式多种多样，譬如，有近期价值和远期价值、直接价值和间接价值、有形价值和无形价值等，价值传递的方式和时间因此也会存在较大差异。价值传递是一个持续不断的过程，也是一个互动融通的过程，高效快捷的价值传递有利于建立良好的合作关系，顺利推进更深层次的价值共创，也有利于增强价值共创主体的价值自信。

（四）进行价值体验

进行价值体验是高水平商科人才培养中政产学研价值共创成果体现的环节。如果说价值传递主要侧重于价值共创主体间价值互换活动的话，那么价值体验不只局限于价值共创主体对价值的切身体验，而是将体验的范围扩展到更广的群体。比如，对政府方面的共创价值体验更深的恐怕是行政相对人，对高校高水平商科人才培养效果体验最深的应该是学生和用人单位，对企业方共创价值体验最深的应该是企业合作者和产品消费者。"学生作为产学合作政策的目标对象，是衡量政策产出与效果的终端。如何建立学生这一终端的畅通反馈机制是产学合作政策的地基。政策需要对学生的需求、教学效果感受、就业助推、就业后用人单位的满意度等方面设置规范调查。"① 价值体验感在很大程度上表征着政产学研协同育人主体价值共创的成果，特别是学生的价值体验和用人单位的价值反馈标示着高水平商科人才培养的质效。

---

① 余飞跃. 高校产学合作协同育人项目微观研究——基于利益相关者成本—收益分析框架 ［J］. 教育发展研究，2023（11）：67-75.

三、高水平商科人才培养中政产学研
价值共创的实现路径

（一）构建以大数据为支撑的价值共创服务机制和平台

围绕政产学研四大协同育人主体建立对话平台，不仅可以促使价值主体之间进行顺畅沟通，为政府提高行政效能和企业提高经济效益建言献策，还便于理顺四大主体之间的关系，助推价值共创的实现。商科院校应当以高水平商科人才培养为出发点和价值导向，主动对接政府、产业界和科研院所，有效利用大数据等数字技术手段，搭建以大数据为支撑的对话和信息沟通机制以及价值传递平台。

通过构建政产学研沟通对接机制和平台，"进一步强化全员、全过程、全方位育人理念，强化大体系、大协同育人，打破部门组织隔断，打通共育渠道，建立对话机制，加强权责利对接，真正形成综合统筹、体系融合、高效协同的育人合力"①。可以成立商科院校联盟，与政府、企业等建立国家级和省市级等不同层次的常态化、实效性协调联动机制，形成培养高水平商科人才的协同育人合力。

（二）积聚有利于政产学研价值共创的操作性资源

人才、知识、资金、技术、信息等是基于高水平商科人才培养的政产学研价值共创必不可少的要素，政产学研四大协同育人主体所拥有的资源优势各有侧重，在这种情况下，各主体就需要充分发挥自身的比较优势，将优势资源聚合到一起，相互借力、相互取用。"学校应在产教融合视域下，加强师资建设，拓展教师职业培训内容，加强产教融合相关课题研究，促进教育

① 陶好飞，杨熙. 高校"大思政课"协同育人的策略优化 [J]. 思想理论教育导刊，2023 (6)：136-141.

者创新教学思维。适当安排教育者进入企业进行实践锻炼，鼓励教育者近距离接触和感受企业文化，了解企业发展模式……学校可适当引进'双师型'教育者，加大教育队伍培训力度，争取在为教育队伍输入新鲜力量的同时，有效提升学校育人力量。"[①]

基于高水平商科人才培养目标的政产学研价值共创，实际上就是一种价值创造主体间相互服务的关系，这种关系也是价值共创的前提和动力。"服务主导逻辑强调知识、技能和经验等操作性资源，既是价值创造的决定性要素，也是竞争优势的根本来源。"[②] 可以说，只要在价值共创的共同价值导向指引下，政产学研开展协同育人工作，就可以赢得各自发展的机遇，从而实现自身的价值追求。

（三）建设基于高水平商科人才培养的政产学研价值共创文化

在推进一项工作有效开展的过程中，相对于制度和机制以及物质层面的举措，文化是更深沉更持久的力量。价值共创文化建设涉及诸多层面，其一，政产学研四个价值主体在致力于培养高水平商科人才过程中能够实现价值共创、达成高度共识，而且相应的价值共创意识和愿望也很强烈。其二，结合廉政文化、企业文化、商业文化及高校校园文化等文化形态对价值共创行为进行有意识的文化塑造，抑或将价值共创作为价值主体自身文化建设的重要内容来抓，中华优秀传统文化、中国革命文化和社会主义先进文化均可为其提供精神滋养和文化支撑。其三，在微观层面，价值共创理念深深植根于每一个参与者心中，价值共创成为政产学研相关个体的文化自觉活动。

政产学研价值共创文化建设是一个长期的体系化工程，既离不开政府和社会的推动助力，更离不开政产学研四大协同育人主体在协作机制和平台助推下的协同推进。价值共创文化建设某种意义上也是一种信念文化建设，它意味着作为价值共创主体的政产学研各方通过共享价值、共创成果，从而对价值共创预期充满信心。

① 陈庆，王杭芳. 产教融合视域下校企协同育人模式探究［J］. 中学政治教学参考，2023（20）：100-102.

② 简兆权，曾经莲. 基于价值共创的"互联网+制造"商业模式及其创新［J］. 企业经济，2018（8）：70-77.

"大思政课"视域下多元协同育人生态体系构建探究*

刘文佳[①]

摘要： 当前，思政课建设整体上进入质量提升和内涵式发展的新阶段。习近平总书记提出，"'大思政课'我们要善用之"，推进"大思政课"建设为高校思政课改革创新指明了路径、提供了遵循。新时代落实立德树人根本任务，提高思政课建设质量，必须践行"大思政课"理念。但是从现实来看，大思政课协同育人格局尚未完全形成，因此有必要以思政课程为中心，以协同育人思维为指导，构建大思政课视域下多元协同育人生态体系，发挥合力育人的最大效应。

关键词： "大思政课"；多元协同；合力育人

新时代以来，思想政治教育工作迎来了发展新条件、新机遇，也得到了党和国家的高度重视，习近平总书记针对思政课建设进行了多次集中系统的论述，还围绕"大思政课"建设作出系列重要指示，为推动新时代思政课教学改革创新和思想政治教育高质量发展指明了方向。在深刻总结思想政治工作经验、把握思想政治工作规律的基础上，习近平总书记明确提出，"'大思政课'我们要善用之"。[②] 除明确提出"大思政课"的概念外，习近平总书记

* 本文系教育部首批新文科研究与改革实践项目"高水平商科人才培养的政产学研协同育人机制创新与实践探索"（项目编号：2021090017）阶段性成果。

① 刘文佳，天津商业大学马克思主义学院副教授，法学博士。

② 杜尚泽."'大思政课'我们要善用之"（微镜头·习近平总书记两会"下团组"·两会现场观察）[N].人民日报，2021-03-07（01）.

还从时空维度和内容维度阐明了"大思政课"的内涵，同时指明了构建"大思政课"育人格局的现实路径。2022 年 4 月 25 日，习近平总书记在中国人民大学视察时又从大中小学思政课共建、推动一体化建设的角度，对"大思政课"建设进一步提出要求①。可以说，全面推进"大思政课"建设是习近平总书记关于思政课重要论述的理论结晶，也是总书记长期关注、高度重视思想政治工作的重要体现。

一、构建"大思政课"协同育人生态体系的必要性

所谓"大思政课"，是基于人的思想政治素养形成与发展规律，以学生学习生活和成长发展为时空维度，集合课内课外、校内校外、线上线下全时空领域鲜活思政教育素材，构建起纵向贯穿大中小学全学段、横向贯通学校与社会全时空的思政课。② 构建"大思政课"协同育人生态体系就是顺应时代需求坚持开门办思政课，以思政课程为中心，以改革创新思政课教学为主渠道，调动全社会资源和力量，把一切育人主体、育人资源、育人机制凝聚起来形成强大育人合力，从而提升育人质量和实现育人目标。可见，"大思政课"的本质是思政课，它遵循传统思政课铸魂育人的价值导向，具有思政课的根本属性，同时又是对传统思政课课堂教学的完善和发展，是整体的、系统的育人理念和格局。全面推进"大思政课"建设是新时代高校思政课改革创新的必然趋势和重要遵循，也是落实立德树人根本任务和培养担当民族复兴大任时代新人的重要举措。

（一）是新时代高校思政课改革创新的必然趋势

思想政治理论课改革创新是高校思想政治工作的重要组成部分，也是顺

---

① 习近平. 坚持党的领导 传承红色基因 扎根中国大地 走出一条建设中国特色世界一流大学新路 [N]. 人民日报，2022-04-26（01）.

② 曾令辉. 科学把握"大思政课"的本质 [N]. 中国教育报，2022-03-17（05）.

应时代发展新形势、新趋势的必然要求。经过长期的不懈努力，高校思政课建设成就显著、效果彰显，但同时也存在着一定的不足，有着较大的进步空间，尤其是对学生的吸引力不够强和教学实效性不够高等问题，依然有待解决。影响高校思政课建设的因素有很多，如历史因素、现实因素、内部因素、外部因素、主观因素、客观因素等。其中，协同育人不足就是一个不容忽视的重要因素。当前来看，它主要表现为三个方面，即思政课主课堂和社会大课堂的有机配合有待提高，思政课程与课程思政建设的有机协同有待深化，大中小思政课建设的衔接递进有待增强。"大思政课"协同育人生态体系就是要着眼于思政课建设中存在的现实问题，以提高思政课建设的质量和效益为主要目的，以增强思政课育人实效为目标，着力转变教育理念和人才培养模式。

（二）是落实立德树人根本任务和培养时代新人的重要举措

"为谁培养人、培养什么人、怎样培养人"始终是教育的核心问题、根本问题，也是高校必须回答好、解决好的重要问题。面对民族复兴伟业日益接近实现和中国式现代化事业不断深入推进的历史潮流，迫切需要一大批担当重任的青年学生贡献他们的聪明才智，发挥他们的能力特长，在空前广阔的舞台上实现人生梦想。培养大批合格的、可靠的、高素质的时代新人是高校的根本任务，也是检验学校一切工作的根本标准。党的十八大以来，习近平总书记一再强调立德树人的重要意义，他在党的二十大报告中明确指出："育人的根本在于立德。"① 落实立德树人这一教育的根本任务，离不开思想政治理论课这一关键课程，同时也需要学校、家庭、社会等提供强有力的配合支持，做到全员、全过程、全方位贯彻落实。"大思政课"正是站在新时代为党育人、为国育才的高度提出的重大理念，以其宽广的视野、丰富的资源和灵活的方式铸魂育人，使党的创新理论更好地进入学生的头脑。同传统育人导向、育人手段、育人方式等相比，"大思政课"有着更为科学的理念和更为显著的优势，更加符合时代发展要求和青年学生成长发展需求，

---

① 习近平. 高举中国特色社会主义伟大旗帜　为全面建设社会主义现代化国家而团结奋斗——在中国共产党第二十次全国代表大会上的报告［M］. 北京：人民出版社，2022.

也更有利于实现立德树人的根本任务和目标。事实证明，只有构建"大思政课"协同育人生态体系，调动全社会的资源和力量多元协同合作，共同致力于实现立德树人的根本任务，才能不断为当代青年成长发展强基铸魂。

二、"大思政课"视域下构建多元协同育人格局面临的困境

推进新时代高校思政课改革创新，构建"大思政课"多元协同育人格局，既面临着许多难得的机遇和有利的形势，也面临着一些困难和挑战。揆诸现实，当前"大思政课"建设面临的困境主要表现在以下几个方面：

（一）多元育人主体未有效调动

无论是从历史还是现实来看，育人工作都是一项具有复杂性、系统性的工程，它涉及各个领域、各个环节、各个方面，因而需要广泛动员和凝聚各方面力量，从而形成协同育人的强大合力。也就是说，做好思想政治工作，并非是某个单位、某个部门的事情，而应是各方齐抓共管、共同参与。习近平总书记在全国教育大会上也强调："办好教育事业，家庭、学校、政府、社会都有责任。"① 可见，做好思想政治工作离不开全社会的共同参与、共同努力，这是符合高校育人规律的必然要求。但从现实来看，当前多元育人主体尚未广泛调动起来，而且协同度不高。

就学校内部而言，受到思政课是承担立德树人、铸魂育人使命的唯一课程，做好思想政治工作是思想政治理论课教师等专职思想政治工作者的责任和义务，思政课程与专业课程各自为政，人才培养重智育轻德育等传统教育观念的影响，学校一些部门和专业教师在思想意识层面还存在着错误认识，在日常学生培养、管理服务、课程教学中忽视了知识传授与价值引领"双塑

---

① 习近平.坚持中国特色社会主义教育发展道路 培养德智体美劳全面发展的社会主义建设者和接班人［N］.人民日报，2018-09-11（01）.

造"，没有承担起铸魂育人的主体责任，影响了学校全员育人格局的形成。教育工作是全面的、完整的、系统的，不是个别人或者几个人的任务，育才与育人的双重职能也不只是思想政治工作者的使命，而是学校所有教师、所有课程都应该承担的责任。总而言之，在高校育人过程中，每位教师都扮演着重要的角色，每门课程都发挥着重要的作用。因此，每位教师、每门课程在传授知识、培养能力的同时，也要通过适当的方式、运用合理的手段，把价值引导和精神塑造寓于其中，既要帮助学生有效提升"硬实力"，更要让学生拥有正确的价值观念和崇高的价值追求。从校外来看，党政机关、行业协会、企事业单位、群团社会组织、网络新媒体等多元育人主体的力量未能充分调动起来，校外教育场域没有打通，协同育人合力发挥不够，在一定程度上影响和制约着"大思政课"的建设进程。

（二）多种育人资源未充分挖掘

一所学校无论如何投入、如何发展，校内资源总是有限的，而社会资源却是无限的。家庭、学校和社会，思政课和专业课，理论课和实践课等都蕴含着丰富的育人资源。推进"大思政课"建设客观上要求挖掘和整合校内校外所有的育人资源，充分发挥多种育人资源的系统作用。但是，受各种因素的制约和影响，当前各种丰富多元的育人资源尚未得到充分挖掘，不同育人资源之间的彼此衔接、融通互动的机制还有待进一步建立和畅通。

从校内来看，尚有不少育人资源未得到充分挖掘。习近平总书记在全国高校思政课教师座谈会上强调："挖掘其他课程和教学方式中蕴含的思想政治教育资源，实现全员全程全方位育人。"① 因此，单靠思政课程的力量显然不够，更应该注重课程思政建设，挖掘专业课程的思政育人元素。自从《高等学校课程思政建设指导纲要》（以下简称《纲要》）颁布以来，课程思政建设已被各高校提上日程并作为学校思想政治工作的重要内容，但是依然存在一些问题，与思政课程的协同配合也有待提高，思政课实践教学与专业课实习实践相结合方面也有很大进步空间。《纲要》明确提出，"要深入梳理专业课教学内容，结合不同课程特点、思维方法和价值理念，深入挖掘课程思

---

① 习近平. 思政课是落实立德树人根本任务的关键课程［J］. 求是，2020（17）：4-9.

政元素，有机融入课程教学，达到润物无声的育人效果"。但是部分专业课教师对于自身以及所授课程承担的立德树人使命认识不足、重视程度不够；也有部分专业课教师对所授课程中蕴含的隐性思政育人资源挖掘不深，不清楚可以发挥多大育人作用；还有部分专业课老师在授课过程中存在"硬融入"现象，将价值引导与知识传授强行挂钩，不仅没有充分发挥课程思政的育人功能，反而影响了专业课程的知识传授效果。这就亟须提高专业课教师的课程思政意识和能力，使之充分认识到自身在立德树人过程中所发挥的重要作用。从校外来看，社会是学生的"第二课堂"，其丰富的育人资源也有待加强整合。"上思政课不能拿着文件宣读，没有生命、干巴巴的。"思政课要有感染力和吸引力，就必须坚持理论与现实结合，与社会大课堂紧密联系起来。有调查也显示，多数大学生认为教师的授课方式与内容会对他们的学习态度产生最为直接的作用。因此教学内容要因时而进、因势而新，充分运用最鲜活的社会资源给学生上好"大思政课"。但目前来看，校外育人资源中的现实资源挖掘还不充分，比如，一些地方的红色文化资源和场馆就是重要素材和实践基地，可以作为大思政课的重要素材；利用一些网络资源、讲授学生身边的小故事等，都是将抽象的理论具象化的重要手段，能使学生对教学内容产生兴趣。总之，目前对社会资源的挖掘还不够全面深刻系统，有待进一步提升。

（三）多效育人机制不够健全

在"大思政课"协同育人体系中，健全的机制是保障协同育人顺利进行的关键。近年来，坚持全员、全过程、全方位育人已成为高校思想政治工作的基本原则和重要理念。但是"三全育人"机制是一项系统工程，其建设也需要一个复杂的过程。

在全员育人方面，当前多元育人主体未有效调动，"学校、家庭、社会协同推动思政课建设的合力没有完全形成，全党全社会关心支持思政课建设的氛围不够浓厚"。[①]造成这种现象的原因之一就在于学校、家庭、社会等多元主体合力育人的联动机制尚不健全，从而影响和制约着合力育人的效果。

---

① 习近平．思政课是落实立德树人根本任务的关键课程［J］．求是，2020（17）：4-9.

在全过程育人方面，大中小幼一体化建设机制有待完善落实。要在准确把握各学段育人目标、内容等基础上，探索建立相互之间有效衔接、一体贯通的政策机制，为"大思政课"协同育人奠定基础。在全方位育人方面，各种教育载体利用不充分，如各实践研修基地、红色文化资源和场馆、网络平台等资源协同配合机制不够畅通，缺乏相应的沟通协调机制。

三、"大思政课"视域下多元协同育人生态体系的构建路径

构建"大思政课"视域下多元协同育人生态体系需要坚持系统性、开放性的原则，构建大师资体系、搭建大资源平台、善用社会大课堂、健全多元育人机制等，调动各方面的资源和力量形成合力育人的生态体系，以促进学生全面发展和成长。

（一）建好"大师资"，壮大育人主体

建好"大师资"是推进"大思政课"协同育人的关键所在。办好思想政治理论课关键在教师，思政课教师肩负着立德树人、培养社会主义建设者和接班人的伟大历史使命，是开展思想政治工作的主体，但是并非唯一主体。就是说，思想政治工作是一项复杂的系统工程，不可能单靠思政课教师的力量，它还是全社会的共同责任。只有吸纳多元优质师资，配齐建强思政课专兼职教师"大队伍"，充分调动课上课下、校内校外、理论与实践各类育人主体，促使社会各方力量与思政课教师明确分工、协同配合，才能形成合力育人的良好效应。课程思政育人是一项系统工程，要调动校内校外、理论与实践的全部育人主体，明确分工、协同育人。

（二）搭建"大平台"，汇聚各方资源

搭建"大平台"是推进"大思政课"协同育人的重要抓手。大资源平台不仅包括学校内部的资源，还应该包括全社会各方面的资源。首先，要从学

校内部入手，要"深入挖掘各类课程和教学方式中蕴含的思想政治教育资源……结合不同课程特点、思维方法和价值理念，挖掘课程思政元素"，这是推进课程思政建设的源头活水。其次，要善于挖掘中华优秀传统文化、革命文化和社会主义先进文化中的育人资源，用好用活社会资源，将地方特色文化融入到思政大课堂中。最后，要抓住当代青年是互联网原住民这一特点，充分利用互联网资源和各种新媒体平台，突破时空限制，有针对性地开展育人活动。

（三）善用"大课堂"，拓展育人渠道

善用"大课堂"是推进"大思政课"协同育人的方向指引。推进"大思政课"建设的关键在于走出课堂、走出校园，立足社会现实开展丰富多彩的教学活动，在生动的社会生活实践中学思想、懂理论，从而实现铸魂育人目标。这就要求不仅要重视"第一课堂"的示范引领作用，还要发挥"社会大课堂"的实践育人功能，把思政小课堂同社会大课堂结合起来。一方面，要积极开展多种"第二课堂"实践活动，通过实践研修、社会调查、志愿服务、实习实训等各种形式的社会实践课程活动引导大学生将所学知识运用于现实问题的解决中，更好地融入社会，增强社会认同感和责任感。另一方面，要加强政产学研用等各部门的合作。企业等社会组织和机构可与学校建立合作关系，设立实践教学基地或者实践教学点，在实践大课堂中引导学生确立正确的价值观念。总之，只有抓住学生身边的人、物、事等丰富素材并积极运用于思政课教学，才能避免思政课讲得干巴巴没有生命力，从而促使理论真正入耳、入脑、入心。

（四）推进"三全育人"，完善育人机制

构建"三全育人"运行机制是推进"大思政课"协同育人的重要保障。"三全育人"是指从育人主体层面（全员）和时间（全过程）、空间（全方位）维度充分调动全社会各部门、各领域的育人力量和资源。"三全育人"是全员、全过程和全方位三位一体育人体系的统称，其本质是从主体、时间和空间维度调动和整合一切思政育人元素和资源，落实立德树人任务目标。这就要求从根本上转变自身角色和观念，打破家庭教育、学校教育和社会教

育各自为政的壁垒，加强三者之间的对话沟通与交流合作，形成协同配合的育人机制。要注重调动各方力量发挥其不同作用，比如，家庭是培养孩子的第一线，在学生成长成才中发挥着基础性作用；学校是培养学生成才的基地，以其系统全面的教育在学生成长成才中发挥着核心作用；社会则是一个大平台，能够为学生成长成才提供各种支撑。总之，三方协同育人机制强调家庭、学校和社会在育人过程中的共同参与和协作，旨在加强各方协作，构建更全面高效的育人生态，真正实现"三全育人"。

高水平商学思政素养大中小学一体化培育的政产学研协同发展研究*

贺　坤①

摘要： 当前中国经济转入高质量发展新阶段，各类新商业元素和新商业模式快速发展迭代，对青少年的商学思政素养提出了更高要求。充分发挥政产学研协同在整合区域育人资源方面的推动作用，深入推进商学思政素养大中小学一体化培育，有助于摆正和统一各个学段的学生对重大与复杂商业经济发展问题的认识，应对多种不良思潮的冲击。这既是大中小学思政课一体化建设的重要内容，也是培育高水平商科人才的重要基础。本文对商学思政素养的主要内涵、培育目标和重要意义进行了系统总结，并分析挖掘了当前商学思政素养大中小学一体化培育与政产学研协同发展的"瓶颈"。在此基础上，从政府、产业、学校、科研四个层面提出了未来政产学研协同推进高水平商学思政素养大中小学一体化培育高质量发展的实现路径。

关键词： 商学思政素养；大中小学；一体化；政产学研协同

一、引　言

习近平总书记强调："在大中小学循序渐进、螺旋上升地开设思想政治

＊　本文系教育部首批新文科研究与改革实践项目"高水平商科人才培养的政产学研协同育人机制创新与实践探索"（项目编号：2021090017）阶段性成果。

①　贺坤，天津商业大学马克思主义学院讲师，经济学博士。

理论课非常必要，是培养一代又一代社会主义建设者和接班人的重要保障。"① 深入推进大中小学思政课一体化建设，统筹接续培育提升大中小各个学段青少年学子的思想政治理论素养，是全面贯彻党的教育方针、落实立德树人根本任务的重要举措。

伴随着中国特色社会主义进入新时代，我国经济由高速增长转向以创新驱动为核心的高质量发展，各类新商业元素、新商业模式、新商业价值、新商业生态等快速孕育、发展、迭代，不断为中国特色社会主义经济建设注入新活力、开辟新气象。高水平商学思政素养培育能够拉近青少年学生与中国经济社会发展实际的距离，有助于摆正和统一各个学段的学生对重大与复杂商业经济发展问题的认识，筑牢思想防线，应对多种不良思潮的冲击，是大中小学思政课一体化建设高质量发展的重要内容。

其中，充分发挥政产学研协同在整合挖掘区域育人商业元素、打造商学思政素养优质课程资源、培养优秀商学思政师资力量、创新商学思政素养培育协同运行机制等方面的推动作用，构建形成各学段有机衔接、政产学研协同联动的"大思政课"一体化育人共建共享机制，让不同学段的学生沉浸式接续感受中国商业经济发展的蓬勃活力和中国特色社会主义经济建设的伟大成就，是高水平推进商学思政素养大中小学一体化培育的关键。

二、商学思政素养的主要内涵、培育目标和时代意义

（一）商学思政素养的主要内涵

商学是关于微观商业活动和宏观商业经济的系统性知识和价值观体系，而思政素养是指思想素质和政治素质，表现为一定的世界观、人生观和价值观，是对方向性、原则性问题的政治立场、态度、观点。② 因此，商学思政

---

① 习近平. 思政课是落实立德树人根本任务的关键课程 [J]. 求是，2020 (17)：4-9.
② 杨琪. 商学素养的界定、构成及其定位与价值 [J]. 天津商业大学学报，2011，31 (3)：69-73.

素养是指人们在从事微观商业活动或面临宏观商业经济问题时在世界观、人生观、价值观等方面所具备的个人品质和基本条件，具体表现为反映时代特点和现代商业要求的思想觉悟、思维方法、价值取向、个人作风，以及熟悉、领会、理解和执行商业领域党和国家政策的综合能力。因此，商学思政素养培育既是个人综合商学素养的思想基础，也是高水平商科人才培养的关键环节。

（二）商学思政素养的具体分类与培育目标

从构成要素的角度进行分类，商学思政素养可以分为理论素养、文化素养与价值素养。

1. 商学思政理论素养及其培育目标

商学思政理论素养是指对关于商业发展的国家重大路线、方针、政策的领悟力、理解力和执行力。商学思政理论素养的培育目标在于能够深入领会习近平新时代中国特色社会主义思想体系中的商业发展理论与战略，能够在处理重大商业问题和进行关键商业决策时具备正确的政治方向和政治立场，拥有高度的政治敏锐性、严谨的政治纪律性和较强的政治鉴别力，掌握并熟练运用习近平新时代中国特色社会主义思想解决现实商业问题。

2. 商学思政文化素养及其培育目标

商学思政文化素养是指将中华传统商业文化和现代商业文化融会贯通的能力。商学思政文化素养的培育目标在于能够正确认识中国传统商业文明的发展，了解中国与世界商业发展历史以及不同时期的商业形态和文化习惯，形成正确的大历史观和大时代观。能够深刻理解商业活动发展表象之下的历史脉络与文化内涵，对中华商业文明具有强烈的民族自豪感和文化认同感，并能够将其与现代商业文明在理论和实践层面很好地结合，做到坚守历史使命，勇担时代责任。

3. 商学思政价值素养及其培育目标

商学思政价值素养是指在商业活动中坚持优秀商业价值观和职业道德观的综合能力。商学思政价值素养的培育目标在于能够在现代市场经济中正确认识商业活动中人与人、组织与组织之间的伦理关系及其发展规律，领会继承诚义治商、乐善好施、勤俭节约、开放包容等中国优秀传统商业道德,① 理解把握 ESG 原则、可持续发展、现代企业精神等新时代商业规范和商业准则。塑造优良的商业精神和职业素养,形成优秀的商业意识和商业眼光,培育正确的金钱观、义利观和职业观等商业价值观,做到始终在商业活动中坚持高标准商业品格和个人职业操守。

(三) 商学思政素养培育的时代意义

1. 商学思政素养培育是中国特色社会主义经济建设健康发展的重要抓手

商业活动参与者具备优良的商学思政素养是高水平商科人才培养的关键,更是构建良性市场经济的思想根基。在百年未有之大变局的当下,面对一系列商业风险的冲击,不同的企业发展状况迥异,部分企业在风险冲击下遭遇危机,而部分企业则在抗击风险中不断壮大。它们能否更好地领会和理解党和国家的重大政策? 能否在企业经营和商业竞争中走得更久远、更稳健? 如何体现出更高的社会价值? 对这些问题的不同回答,在一定程度上决定了企业的不同发展境遇,其背后一定程度上隐含着企业家商学思政素养的高低。商学思政素养的培育是一项系统工程,不可能一蹴而就,必须从人才的基础培养抓起,必须按照小学、中学、大学的学段渐进式递进、螺旋式上升地开展商学思政素养培育,为中国特色社会主义经济建设的健康发展奠定坚实基础。

2. 商学思政素养培育是培养中国特色社会主义建设者与未来企业家的关键一环

构建政产学研协同发展的高水平商学思政素养大中小学一体化培育体系,能够充分利用中国特色社会主义商业经济发展的经典理论和生动案例提升大中小不同学段思政课教学的说服力和感染力,统一大中小学师生对重大和复杂商业经济发展问题的认识。通过大中小各个学段之间递进式、接续性的商学思政素养培育,潜移默化地增强各学段青少年学生对中国特色社会主义经济建设伟大实践的认识和理解,形成优秀的商业发展理念与商业综合素养。这既是培养一代又一代高水平商科人才和中国特色社会主义经济优秀建设者的重

---

① 江世鑫,徐丽曼,刘影 . 大中小幼铸牢中华民族共同体意识教育一体化研究 [J]. 学校党建与思想教育,2023 (6):81-84.

要保障，更是培育高度认同中国特色社会主义经济建设辉煌成就、主动捍卫"两个确立"、积极坚守"两个结合"和"四个自信"的未来企业家的关键。

三、商学思政素养大中小学一体化政产学研协同的发展"瓶颈"

（一）大中小各学段一体化的顶层设计与统筹水平有待提升

商学思政素养大中小学一体化政产学研协同发展需要融通各项机制，实现顶层设计的科学化和合理化。目前，大中小各学段一体化衔接不紧密、商学思政元素融入尚不突出是商学思政素养培育面临的"瓶颈"。产生这一"瓶颈"的关键在于顶层设计未能实现统筹规划，政产学研的主体责任不明确，一体化工作目标与工作原则不统一，各模块功能未能实现合理布局与有效联动，难以有效盘活各方面资源对商学思政素养大中小学一体化培育的支持。因此，政产学研各模块在大中小学思政课一体化建设教研资源统筹、支持经费投入、项目实施建设等各维度协同发展方面存在"瓶颈"，导致大中小各级学校在挖掘校内外育人资源、调动政产学研育人主体、多维度实现思政资源联动方面力量薄弱，缺少顶层设计下的统筹协同机制、一体化协同平台和专项经费支持。

（二）大中小学之间的思政教育边界壁垒有待破除

由于教学目标、教学资源、学生成长阶段、教师自身定位等方面的差异，大中小学思政教育彼此之间形成明显的边界壁垒，各学段思政素养培育各自为政的现象较突出，[①] 政产学研的协同支持存在较大难度。

一方面，商学思政素养大中小各学段的培育目标缺少科学的一体化统筹

---

① 刘先春，佟玲．系统论视域下"大思政课"建设的多维分析［J］．思想政治教育研究，2022，38（6）：114-120.

规划，商学思政素养培育体系与大中小不同学段的思政课教学融合有限。

另一方面，大中小不同学段的教学层次性明显，但承接性和贯通性不足，在教学内容、教学方法、教师队伍等方面的沟通交流不足，且缺少教学资源一体化共享共建机制的支撑。这导致不同学段的学校和教师对彼此的主要教学内容、教学规律、教学方法不了解、不熟悉，如同一经典教学案例在大中小学阶段反复使用等知识内容重叠或过渡性断层的现象十分普遍，未能有效实现培育效果的递进式和螺旋式上升。

（三）政产学研的多维度协同支持力度有待加强

时代发展对理论与实践兼具的商学思政素养培育提出了更高要求，但是当前基于校园教学体系的封闭式培育与商学思政素养开放式成长需求之间存在着突出矛盾。其主要原因在于大中小学一体化培育的政产学研协同支持力度不足，主要表现为"四不足、四缺少"。

"四不足"即政府统筹协调和专项资金支持力度不足，大中小学一体化建设资源与合作平台有限；稳定产业对接下的校地协同不足，高质量的社会实践基地和学生沉浸式社会实践锻炼的渠道有限；① 大中小各学段教学环境较为封闭，教师和学生难以从深度参与和体验经济社会发展中获得成长；科研领域对于大中小学商学思政素养一体化培育研究不足，在一体化发展的政产学研协同支持模式打造、信息交流平台搭建和数字化技术赋能等方面尚处于初步探索阶段。②

"四缺少"即缺少多维度、数字化和智能化的政产学研协同支持下的商学思政素养大中小学一体化共享共建平台；缺少针对性的商学思政素养培育优质课程和优质内容；缺少思政理论与商学知识兼具的高水平"双师型"教师；缺少商学思政素养大中小学一体化专项建设经费。

---

① 秦晓华．"大思政课"视域下思政课实践教学改革的困境与出路［J］．学校党建与思想教育，2023（13）：70-74.

② 赵建超．思想政治教育与人工智能深度融合的内在机理［J］．思想理论教育，2023（8）：94-100.

四、政产学研协同推进商学思政素养大中小学一体化培育的长效机制

商学思政素养大中小学一体化培育是一项系统性工程，涉及经济建设、政治引领、思想认同、现实感知等多个层面，仅依靠各学段、各学校自身的力量难以实现，必须调动政产学研多维度的优质资源协同共建。其关键在于构建学校与地方、校内与校外"双轮驱动"的政产学研一体化协同机制，形成"政府巧搭平台—产业多方引智—学校教学攻坚—科研创新体系"的高质量商学思政素养培育路径，实现政产学研的多维度协同和多模块联动。

（一）统一政产学研协同支持商学思政素养大中小学一体化培育的目标

在商学思政素养大中小学一体化建设中，应通过细致合理、逻辑严谨的顶层设计，明晰政产学研多维度协同支持的方向和重点，以科学的态度把握原则、锚定目标、推进工作，一以贯之地在各个学段实现商学思政素养培育目标的整体性、原则性、一致性、接续性，根除大中小学一体化建设存在的彼此割裂、各为自政的弊端。

第一，整体性是指应从不同学段的教育教学规律和青少年成长特点出发，以"十个指头弹钢琴"的方法进行政产学研协同共建的通盘考虑、顶层设计和合理布局，发挥政产学研各个模块的资源优势，聚力多维度协同支持，高水平推进商学思政素养大中小学一体化建设。

第二，原则性是指在商学思政素养大中小学一体化培育中，要始终坚持以立德树人为根本目标，发挥政产学研各自的优势，从习近平新时代中国特色社会主义思想中凝练新时代商业精神，铸魂育人，凝聚人心，强化共识，培育一代又一代中国特色社会主义建设者。

第三，全面性是指要按照习近平总书记关于思政课建设的重要论述，全面贯彻党的教育方针，按照《关于深化新时代学校思想政治理论课改革创新的若干意见》《教育部办公厅关于开展大中小学思政课一体化共同体建设的

通知》等提出的重点要求、政策主线和系统部署，在政产学研协同下将商学思政元素有序融入大中小学思政课一体化建设中。

第四，接续性是指在大中小不同学段的商学思政教学目标、教学内容、教学方式的衔接处要平稳递进，实现无颠簸、无断层、无重叠的对接，在政产学研多维度的协同配合下对各学段的商学思政培育进行分层设计，保障各学段的渐次递进和校内外的紧密互动，排除不同学段的跨越性架构，形成一个逻辑环环相扣、内容循序渐进、认知螺旋上升的商学思政素养大中小学一体化培育体系。

（二）发挥政府顶层设计与统筹协调的核心作用

政府作为统领大中小学思政课一体化建设的核心力量，应充分发挥自身在政策制定实施、体制机制建设、资金筹集支持、公共平台建设等方面的引领作用。着力于加强顶层设计和发展引导，牵头政产学研协调机制建设。构建分工合理、责任明确、协同聚力的高水平商学思政素养大中小学一体化培育的政产学研常态化协同共建机制，引导人才、资金、基础设施等各类资源投入大中小学商学思政素养一体化建设。

（三）强化产业优势资源与商业人才的支持效能

发挥产业层面各行业与各企业实践资源丰富、商学人才云集和现实案例繁多的优势，建立高水平思政教师研修基地和商学思政实践教学基地。一方面，以高水平的常态化研修提升大中小各学段思政教师对现代商业经济发展的认知与理解能力，培育思想政治理论与商学专业知识兼备的"双师型"思政教师。另一方面，充分利用新时代我国现代商业经济发展的经典理论和生动案例提升大中小不同学段思政课教学的说服力和感染力，拓宽大中小学商学思政素养一体化培育的公共空间，促进多维立体化课堂建设。

（四）夯实学校作为商学思政素养培育中心的枢纽角色

大中小各个学段的学校是商学思政素养培育的主阵地，在政产学研协同机制中处于育人枢纽的位置。习近平总书记在学校思想政治理论课教师座谈会上的重要讲话中明确指出，要"推动思想政治工作贯通人才培养体系，发挥融入式、渗入式的立德树人协同效应"。因此，学校应将发挥"立德树人协同效应"作为工作重心。一方面，建立商学素养培育的政产学研协同专设机构，发挥育人工作枢纽站和育人信息集散中心的角色，为政产学研协同各方所应承担的工作责任和推进的重点工作提供定量基础。另一方面，夯实大中小学思政课一体化联盟工作实效，推动大中小各学段一体化建设内容、建设思想和建设实效联通，打破学校思政小课堂与社会实践大课堂的场景界限，① 在诸学段采取校地合作、校企合作、社会拓展、创新实践等内容多样、融合互动的一体化协同培育策略，做到全过程、全方位共同育人。

（五）强化科研赋能商学思政素养大中小学一体化培育的关键作用

教育科研创新是商学思政素养大中小学一体化培育高质量发展的基础性、先导性条件。无论是推动政产学研各领域优势资源的横向融通，还是在各学段间将优质商学思政素养培育资源进行重组互补，均需要科研领域在体制机制建设、优秀人才培育、核心教学内容和协同培育方式等方面进行突破性创新。强化科研赋能，一是要充分发挥教育科研机构、科研团队立德树人智囊团的主渠道作用，推进商学思政素养大中小学一体化培育体系的创新建设，就完善政产学研协同支持机制开展深入研究，从整体框架、任务分解和运行模式等多个方面进行理论建构和实践创新。二是以科研创新引领深化各学段各门思政课课程体系大中小学一体化研究与贯通性建设，从习近平新时代中国特色社会主义经济思想和中国特色社会主义经济建设实践中凝练我国商业经济发展的最新成果和经典案例，并将其融入思想政治理论课中，拓展一体化教学内容，提升思政课认知层次。三是提升数字化技术研发与应用水平，从丰富教学资源、构建一体化共享平台、加强优质商学思政素养培育资源全域共享等方面激活商学思政素养大中小学一体化培育体系新生态，并创新搭建数字化、网络化的共享共建平台，全方位提升多维度与多模块的政产学研协同支持效能。

---

① 吴增礼，李亚芹．"大思政课"视域下"社会大课堂"的多维阐释 ［J］．思想理论教育，2022（12）：73-78.

中外合作办学对于本科人才培养质量提升的研究

——基于毕业生就业质量视角*

乔秀梅①　李林儒②

摘要： 中外合作办学是我国高等教育国际化的重要组成部分，也是普通本科院校人才培养特色化发展的主要渠道。本文以某普通高校的两组专业为例，将普通专业与该专业中外合作办学专业列为一组，在组内比较入学成绩及毕业生就业去向。同时，将该专业中外合作办学的毕业生就业去向与录取成绩远高于本校的几所部属院校进行对比。统计表明，S 大学作为普通本科院校，两个中外合作办学专业的毕业生深造比例远高于校内普通专业，且达到了部属名校的同等水平，大幅度提高了毕业生高质量就业的比例。最终，本文通过分析 S 大学中外合作办学的成功做法，凝练出中外合作办学提升人才培养就业质量的有效方法和途径。

关键词： 中外合作办学；本科人才培养；就业质量

---

　　* 本文系教育部首批新文科研究与改革实践项目"高水平商科人才培养的政产学研协同育人机制创新与实践探索"（项目编号：2021090017）阶段性成果。

　　① 乔秀梅，天津商业大学国际教育合作学院副研究员，管理学硕士。
　　② 李林儒，天津商业大学国际教育合作学院本科在读。

一、前言

党的十九大报告将就业提升到了"民生"的重要层面，报告指出要"实现更高质量和更充分就业"①。党的二十大报告进一步强调，要求"促进高质量充分就业"②。于普通高等学校而言，大力提升人才培养水平，提高本科毕业生的就业质量，是实现高校服务社会经济发展的职责，也是解决民生问题的重要体现。

截至 2022 年 5 月，我国有高等学校（机构）3000 多所，地方所属普通高等院校占整体的 60% 以上。在我国现有的机制体制下，地方普通高校在获得优质的教育资源，特别是高水平且具有国际视野的师资、先进且紧跟国际前沿的教材、贴近行业需求的课程、高效的管理理念及相应的管理软件系统等方面，缺乏相应的渠道。而中外合作办学在解决师资、教材、课程和管理模式等系列问题方面，可以弥补以上不足，发挥独特优势。

那么，中外合作办学对于本科专业人才培养中的就业质量会起到什么作用？本文将以某普通高校两组专业为实际案例，从毕业生就业质量角度，从同一专业是否实施中外合作办学入手，基于同一生源地的可对比性，对学生入学时的最低录取分数线进行横向对比。同时，从本校和外校纵横两个方面，对毕业生就业去向，特别是继续深造比例进行具体数据上的比较，以此来探究中外合作办学对普通本科专业就业质量的影响。

---

① 习近平. 决胜全面建成小康社会 夺取新时代中国特色社会主义伟大胜利——在中国共产党第十九次全国代表大会上的报告［M］. 北京：人民出版社，2017.

② 习近平. 高举中国特色社会主义伟大旗帜 为全面建设社会主义现代化国家而团结奋斗——在中国共产党第二十次全国代表大会上的报告［EB/OL］.（2022－10－25）. https：//www. 12371. cn/ 2022/10/25/ARTI1666705047474465. shtml.

二、有关概念背景

（一）中外合作办学

我国开展中外合作办学已有四十多年历史，截至 2021 年底，全国经审批机关批准设立、举办的合作办学机构和项目共 2356 个，其中，本科以上层次机构和项目 1340 个①。与我国高等教育的总量相比，中外合作办学"体量不大，作用不小"②。

教育强国的建设离不开中外合作办学。我国于 2003 年 9 月实施《中华人民共和国中外合作办学条例》。2006 年教育部颁布《教育部关于当前中外合作办学若干问题的意见》，强调"坚持引进优质教育资源，加强能力建设的政策导向。开展中外合作办学，要密切结合国家、地方和区域经济发展对各类人才的需求以及学校学科建设的需要，鼓励在国内急需、薄弱和空白的学科领域与外国高水平大学以及具有优势学科的大学开展合作办学"。

（二）毕业生就业去向

大学及其所开设专业的就业情况，一直具有极高的社会关注度。特别是在每年高考结束后、高考志愿填报期间，大学排名以及某所大学所设置专业的就业数据的搜索量会急剧上升。家长在给孩子填报志愿时最关心的问题是：学习某一专业毕业后可以干什么？该专业的就业情况怎样？因此，近几年高考填报志愿咨询公司应运而生。在百度输入"大学本科、专业就业、排行"等关键字，搜索结果轻松过亿，可见社会的关注度之高。

高校毕业生就业质量是高等学校教育教学和人才培养质量的重要反映。本科毕业生就业质量是对大学四年本科教学质量的最终考核，是大学各项办

---

① 林金辉. 这十年，中外合作办学交出满意答卷 [N]. 中国教育报，2022-09-29（09）.
② 林金辉. 中外合作办学"疫后重启"应关注"一个抓手""一个信号" [EB/OL]. （2023-07-07）. https://cfcrsorg.xmu.edu.cn/info/1045/3191.htm.

学成果最重要的体现，也是国内外学校、专业排行榜的重要指标。目前，教育部毕业生就业去向统计系统中的"高质量就业"包括"签订就业协议形式就业""签订劳动合同形式就业""出国、出境"和"升学"四种情况。

（三）教育监管

教育部高度重视高校毕业生就业数据监测工作。同时，在教育部以及各省市教育厅（教委）对各级各类高校的监管方面，毕业生就业去向落实率、毕业生就业质量是非常重要的内容。因此，高校作为人才培养的主体，从自身发展的角度出发，也非常重视毕业生就业问题。每所高校每年都会制定周密的工作方案落实就业工作，并按照时间节点在指定的系统中填报本校的毕业生就业情况数据。所以，各个高校也会努力提高本校的就业率及就业质量。

三、本科专业进行中外合作办学的可行性分析

（一）社会各行业对国际化人才的需求旺盛

当今社会，国际化视野日益成为各行业高级管理人员的必备素质，这是不争的事实。跨文化的沟通能力是人才成长，更是企业实现可持续发展的重要因素。因此，社会对国际化人才有着强劲的需求。

（二）受教育者对国际化教育的需求旺盛

当今不确定的国际局势使在国内接受正规国际化教育成为越来越多人的理性选择，高质量的国际化教育受到越来越多的关注。近几年，国内十几所中外合作大学，虽然录取分数不断上涨，比肩许多知名院校，学费也高于普通院校，但这些并没有阻挡考生和家长的热情，其中的原因就是，中外合作办学能够满足受教育者在国内享受高水平国际教育资源的需求。

（三）技术的发展使中外合作办学成为可能

互联网技术的发展，使国际间的沟通联系不但方便快捷，而且成本低廉。过去的信件、包裹等国际邮政快件至少历时一两周时间，国际长途电话费用也高。现如今，人们可以通过电子邮件、微信（WeChat）、脸书（Facebook）等实现实时沟通。技术的发展极大地提高了国际化的效率，提供了更多的中外合作沟通的机会及合作的可能。

（四）中外合作办学可以助力高校的内涵式发展

国际化几乎是每一所现代大学发展方向的选择和必经之路，国际化战略更是大学每年工作要点中的重要内容。《教育部等八部门关于加快和扩大新时代教育对外开放的意见》等政策文件不断坚定我国教育对外开放的方向。

高质量的中外合作办学是提升学校社会声誉、突出办学特色的有效途径，它可以有效提高人才培养效率，从而迅速提高专业综合竞争力。对于一所普通地方院校而言，高水平中外合作办学的推行将有效推动专业和学科实现高质量的内涵式发展。

四、S大学中外合作办学项目就业质量案例分析

（一）S大学中外合作办学项目基本情况

S大学属于地方普通教学型大学，成立于 20 世纪 80 年代初期，在各种大学排行榜的排名基本在 300 名左右。该校酒店管理（中外合作）专业和财务管理（中外合作）专业都开始于 20 年前，属于国内较早开设的本科中外合作办学项目。

两个专业的专业竞争力通过中外合作办学都得到了迅速提升。根据武汉大学中国科学评价研究中心、中国科教评价网等发布的《中国大学和研究生教育及学科专业评价报告（2023—2024）》，该校酒店管理（中外合作）本

科专业在全国大学专业竞争力排行榜中，近十年有三次排全国第 1 名、三次第 3 名、两次第 5 名；财务管理（中外合作）专业近十年的排名均在前 20。这两个中外合作办学专业的排名相较于本校其他专业而言，可谓是遥遥领先。

两个项目开办 20 年来，学生的就业率、升学（深造）率和就业质量不断提升。

（二）S 大学中外合作办学项目招生、就业比较分析

（1）入学成绩比较。由于中外合作办学的收费一般高于普通专业，多数中外合作办学专业的录取分数低于同一学校的普通专业，S 大学也不例外。该校财务管理专业和酒店管理专业的普通本科专业录取分数远远高于该校相应专业的中外合作办学项目的录取最低分数。S 大学天津生源酒店管理和财务管理专业同相应的中外合作专业录取最低分数的比较如表 1 所示。

表 1　S 大学天津生源酒店管理和财务管理专业同

相应的中外合作专业录取最低分数的比较

年份	S 大学酒店管理（旅游管理类）专业天津录取最低分与酒店管理（中外合作）专业天津录取最低分之差（分）	S 大学财务管理专业天津录取最低分与财务管理（中外合作）专业天津录取最低分之差（分）
2022	541−529＝12	581−536＝45
2021	539−527＝12	572−532＝40
2020	554−536＝18	581−539＝42
2019	理工：499−484＝15	理工：533−486＝47
	文史：500−487＝13	文史：513−492＝21
2018	理工：508−490＝18	理工：535−492＝43
	文史：525−510＝15	文史：532−511＝21
2017	理工：479−469＝10	理工：494.114−474.1＝20
	文史：501−483＝18	文史：502.104−484.109＝18
2016	理工：469−462＝7	理工：485−465＝20
	文史：503−489＝14	文史：507−493＝14
2015	理工：502−469＝32	理工：510−490＝20
	文史：518−509＝9	文史：519−513＝6

注：2020 年天津高考开始实行选科赋分制，不再分理工类和文史类。

资料来源：https：//zs.tjcu.edu.cn/bkzn/lnfs.htm。

从表 1 可以看出，连续 8 年 S 大学同一生源地（天津）酒店管理和财务管理这两个普通专业的录取最低分数高于相应专业的中外合作办学专业，最大差距有 47 分之多，最少也有 6 分之差。

（2）就业深造情况比较。根据表 2、表 3 和表 4 可知，S 大学作为普通本科院校，其酒店管理和财务管理两个专业通过中外合作办学，毕业生深造比例在校内远高于相应的普通专业；与其他学校相比，则达到了部属名校的水平。

表 2　S 大学酒店管理普通本科专业与酒店管理（中外合作办学）
本科专业就业情况对比

年份	对比专业	本科毕业去向（%）			
		国外读研	国内读研	就业	其他
2022	旅游管理类	2.70	9.46	56.76	31.08
	酒店管理（中外合作）	38.03	5.56	29.21	26.5
2021	旅游管理类	3.23	4.84	67.74	24.19
	酒店管理（中外合作）	43.53	4.31	30.17	21.99
2020	旅游管理类	1.82	9.09	72.73	16.36
	酒店管理（中外合作）	47.84	3.02	31.47	17.67
2019	旅游管理类	3.39	5.08	71.19	20.34
	酒店管理（中外合作）	48.90	1.76	40.97	8.37
2018	旅游管理类	4.26	2.13	93.61	0.00
	酒店管理（中外合作）	50.00	0.50	46.00	3.50
2017	旅游管理类	0.00	4.55	93.18	2.27
	酒店管理（中外合作）	37.56	0.98	53.17	8.29
2016	旅游管理类	3.03	0.00	93.94	3.03
	酒店管理（中外合作）	43.98	1.20	51.20	3.62
2015	旅游管理类	0.00	4.76	85.71	9.53
	酒店管理（中外合作）	54.87	0.00	37.61	7.52

资料来源：笔者根据就业情况整理而得。

表3　S大学财务管理普通本科专业与财务管理
（中外合作办学）本科专业就业情况对比

年份	对比专业	本科毕业去向（%）			
		国外读研	国内读研	就业	其他
2022	财务管理	3.52	12.68	64.79	19.01
	财务管理（中外合作）	30.00	9.53	49.99	10.48
2021	财务管理	4.96	15.70	54.46	24.88
	财务管理（中外合作）	36.87	6.45	36.40	20.28
2020	财务管理	5.04	7.56	64.71	22.69
	财务管理（中外合作）	35.24	6.17	25.11	33.48
2019	财务管理	7.09	8.66	59.07	25.20
	财务管理（中外合作）	30.73	5.05	38.07	26.15
2018	财务管理	5.88	7.56	79.84	6.72
	财务管理（中外合作）	37.02	5.52	46.41	11.05
2017	财务管理	1.67	7.50	83.33	7.50
	财务管理（中外合作）	24.26	5.33	62.13	8.28
2016	财务管理	3.55	5.05	71.40	20.00
	财务管理（中外合作）	31.74	2.40	53.90	11.96
2015	财务管理	4.00	12.00	71.00	13.00
	财务管理（中外合作）	32.85	2.42	48.31	16.42

资料来源：笔者根据就业情况整理而得。

表4　S大学两个中外合作办学专业毕业生深造比例与几所部属院校
毕业生就业去向数据比较

学校（专业）	2022届本科生（%）		2021届本科生（%）		2020届本科生（%）		2019届本科生（%）		2018届本科生（%）	
	国内升学	境外升学	国内升学	境外升学	国内升学	境外升学	国内升学	境外升学	国内升学	境外升学
陕西著名部属院校	58.07	6.99	57.07	8.41	52.49	12.53	49.38	19.32	49.22	12.77
天津著名部属院校A	—	—	46.92	7.64	43.22	12.14	41.16	12.34	40.49	12.36
天津著名部属院校B	44.49	12.10	43.14	13.03	39.3	17.4	37.82	20.31	38.92	18.74
天津市属财经类院校	14.40	6.07	15.61	7.25	14.47	9.05	12.65	7.89	11.12	8.13

续表

学校（专业） 就业去向	毕业生 2022 届本科生（%）		2021 届本科生（%）		2020 届本科生（%）		2019 届本科生（%）		2018 届本科生（%）	
	国内升学	境外升学	国内升学	境外升学	国内升学	境外升学	国内升学	境外升学	国内升学	境外升学
天津市属普通商科类院校（S 大学）	11.76	4.73	10.04	5.55	9.25	6.35	7.84	6.82	8.65	5.69
S 大学酒店管理（中外合作）专业	5.56	38.03	4.31	43.53	3.02	47.84	1.76	48.90	0.5	50
S 大学财务管理（中外合作）专业	9.52	30.00	6.45	36.87	6.17	35.24	5.05	30.73	5.52	37.02

注："—"表示未能查到当年数据。

资料来源：各高校发布的年度本科就业质量报告。

（三）S 大学中外合作办学专业提升就业质量的成功做法

（1）中外课程融合，形成特色化人才培养方案。办学 20 年来，S 大学一直高度重视中外课程的有机融合，严格按照教育部对于中外合作办学项目的要求，引进外方课程门数和学时数均超过培养方案课程总门数和总学时的三分之一。在引进课程时完全引进外方课程的外语授课、外文教材、过程化考核等元素，尽量采用小班授课的方式，以求最大化还原外方授课模式，给学生提供"原汁原味"的国外大学教学的情景及氛围。

（2）中外管理模式融合，形成高效的管理队伍。在这两个中外合作办学专业的管理中，S 大学始终坚持办学质量第一的原则，联合成立了中外双方校级、院级两级管理团队。并且聘用外方管理人员常驻校园参与项目的教学管理。不仅如此，学院还按照外方学校的管理模式聘用了服务于学生的职业规划、学业规划专职人员，负责为学生提供一对一的咨询服务，最大限度实现"学生管理"向"学生服务"的转变，提高了管理成效。

（3）外籍教师融入校园，形成国际化师资队伍。两个项目都保持一定比例的外籍教师常驻校园进行正常的日常教学，避免外教"集中授课"和"飞行教学"等不合规现象的出现。同时，中方授课教师也全部是经过外方培训、认证的教师，首选有海外留学经历、具备全英文授课能力的高水平教师，打造真正意义上的国际化教学团队。

五、中外合作办学人才就业质量提升的有效策略

目前，我国的中外合作办学经过四十多年的发展，经过了初创期、发展期，现在进入了质量提升期，教育部通过不断完善监管手段，使中外合作办学的质量不断提升，并形成了退出机制。2018 年、2019 年教育部停办了 286 个项目①。这说明，不是所有的中外合作办学都可以提升人才培养质量，那么，通过上述 S 大学中外合作办学的经验，可以给出地方所属普通高校中外合作办学人才培养就业质量提升的有效策略。

（一）强化中外资源整合优势，切实提升毕业生可雇佣性

在课程设置方面，不能完全靠外方课程培养学生专业素养，还要考虑大部分学生在国内就业的实际。例如，在财务管理中外合作专业中，由于两国的会计制度、会计准则不同，于是在高年级加入了中级财务会计和审计等中方课程，切实提升学生的可雇佣性。

（二）加强大学生就业指导，明确就业去向

针对目前国内就业形势严峻的情形，从学生入校开始就通过课程、讲座、优秀校友进校园等形式，对学生进行朋辈教育，通过"现身说法"，要求学生制定四年的学习规划、尽早明确努力的方向，并且不断通过主题班会、分组座谈等方式，帮助其调整规划，逐渐明晰就业方向。

（三）加大社会化参与，加深本土化实训实践

与企业形成合作良性循环，利用寒暑假等长假期，要求学生做 300 至1000 小时不等的高级实习，并在实习报告上下足功夫，真题真做，锻炼学生

---

① 教育部．"教育部批准终止 286 个中外合作办学机构和项目"非最新发布［EB/OL］．（2021-08-23）．http：//www.moe.gov.cn/jyb_xxgk/s5743/s5746/202108/t20210823_553575.html.

切实解决行业企业问题的能力。

（四）加强国际交流，促进海外就学

建立广泛的国际合作关系，指导学生申请国际上专业排名靠前的高水平大学，形成上下届"传帮带"的优良传统，扩大学生海外就读的比例，并注重深造的质量。充分利用学生服务大型国际赛事的机会，展示学生的国际化视野及外语沟通能力，形成良好的专业口碑，提升学生申请到国际名校深造的成功率。

改革篇

高水平商科人才培养的"1343"政产学研协同育人特色实践模式的探索*

梁学平①　　孙国秀②

摘要： 新产业、新技术、新业态、新模式的快速发展对新时代商科人才培养规格提出了新要求，而运作良好的政产学研协同育人模式则是培养高水平商科人才的有力支撑。作为应用型商科院校的天津商业大学，积极探索构建具有协同性、适应性、共建性、可持续性的"1343"政产学研协同育人特色实践模式，多元化"双师型"师资队伍、"五个对接"的协同育人链条等四大支柱的建设实践有力印证了这一特色模式的良好实践效果。

关键词： 高水平商科人才；政产学研；协同育人；特色实践模式

一、引言

商科涉及学科门类及专业众多、社会需求旺盛，以金融、会计、管理、经济学为主要代表，包括金融、经济学、国际经济与贸易、会计、市场营销、工商管理、国际商务、电子商务、物流、人力资源管理等十多个专业类。商

* 本文系教育部首批新文科研究与改革实践项目"高水平商科人才培养的政产学研协同育人机制创新与实践探索"（项目编号：2021090017）阶段性成果。

① 梁学平，天津商业大学经济学院教授，经济学博士。

② 孙国秀，天津商业大学经济学院在读硕士研究生。

科教育的生命力在于它和社会需求的契合度：积极适应社会和行业对商科人才的需求变化，"社会需要什么样的商科人才，就培养什么样的商科人才"。

新一轮科技革命和产业变革对人才培养产生了深刻影响，特别是新技术、新产业、新行业对商科人才的培养提出了新要求。2018 年 9 月，习近平总书记在全国教育大会上指出，推进产学研协同创新，积极投身实施创新驱动发展战略，着重培养创新型、复合型、应用型人才[①]。2021 年 4 月，习近平总书记在清华大学考察时强调，要用好学科交叉融合的"催化剂"，打破学科专业壁垒，推进新工科、新医科、新农科、新文科建设，加快培养紧缺人才[②]。2022 年 10 月，习近平总书记在党的二十大报告中指出，"加快建设教育强国、科技强国、人才强国，坚持为党育人、为国育才，全面提高人才自主培养质量，着力造就拔尖创新人才"[③]。适应新时代社会经济发展的快速变化和国家战略需要，培养大批适应经济社会发展需要的高水平商科人才，一直是财经类高校人才培养所面临的重要任务。

高校作为新文科人才培养的关键主体，肩负着的重要使命就是促进人才培养供给侧和新产业需求侧的要素全方位融合。政产学研协同育人是新时代深化产教融合的重要举措，通过构建政产学研紧密联结、合作共赢的长效合作机制，不仅有利于打造"梯次有序、功能互补、资源共享、合作紧密的政产学研协同育人网络"，也有助于健全"需求导向的人才培养结构调整机制"，从而培养素质更过硬、知识更复合、学科更融合、能力更全面的高水平商科人才。作为应用型商科院校的天津商业大学，立足于创新驱动发展战略下的高水平商科人才培养需求和应用型商科院校特点，以培养"厚基础、跨学科、强实践、复合型"的高水平商科人才为目标，积极推进校内外人才培养链、资源链和需求链的有效链接，进一步强化政产学研相结合的协同育

① 新华社. 习近平出席全国教育大会并发表重要讲话［EB/OL］.（2018-09-10）. https：// www. gov. cn/xinwen/2018-09/10/content_5320835. htm? tdsourcetag=s_pctim_aiomsg.

② 新华社. 习近平在清华大学考察时强调 坚持中国特色世界一流大学建设目标方向 为服务国家富强民族复兴人民幸福贡献力量［EB/OL］.（2021-04-19）. http：//www. xinhuanet. com/politics/ leaders/2021-04/19/c_1127348921. htm.

③ 习近平. 高举中国特色社会主义伟大旗帜 为全面建设社会主义现代化国家而团结奋斗—— 在中国共产党第二十次全国代表大会上的报告［EB/OL］.（2022-10-25）. https：//www. 12371. cn/ 2022/10/25/ARTI1666705047474465. shtml.

人体系的建设和实践，探索构建高水平商科人才培养的"1343"政产学研协同育人新模式，不断提高商科人才培养的质量。

二、高水平商科人才培养的"1343"政产学研协同育人特色实践模式的内涵与特点

（一）高水平商科人才培养的"1343"政产学研协同育人特色实践模式的内涵

依据应用型商科院校商科人才培养的特点和优势，聚焦商科人才的培养链，加强政产学研不同主体之间的产学研用结合，统筹社会资源构建功能连接、共建共享、产教融合的政产学研协同育人体系，实现人才培养链、资源链、需求链的互通共融，对于培养"商学素养与专业能力结合、知识学习与实践能力并重"的高水平商科人才至关重要。

天津商业大学紧紧围绕高水平商科人才培养目标，加强政产学研主体、育人资源、育人平台、育人机制的协同，促进育人资源在中外、政企校、创研三个领域的融合，实现育人要素与资源、多学科交叉、知识培养与能力培养三个方面的结合，形成协同有效的"1343"政产学研协同育人模式，具体如图1所示。

在"1343"模式中，"1"是指适应新文科背景下的商科类院校学科专业实际，以高水平商科人才培养为中心；第一个"3"是指拓展政产学研协同育人路径时做到中外、政企校、创研三个领域的融合；"4"是指建设政产学研育人体系过程中做到育人主体、育人资源、育人平台和人才培养环节四个层面的协同；第二个"3"是指培养商科人才核心能力时做到育人要素与资源、多学科交叉、知识培养与能力培养三个方面的结合。

1. 以加快复合型的高水平商科人才培养为中心

"新文科"背景下加强商科人才培养，必须以传统商科为基础，适应应用型商科院校的学科专业实际，把"提高高水平新商科人才的培养效果与培

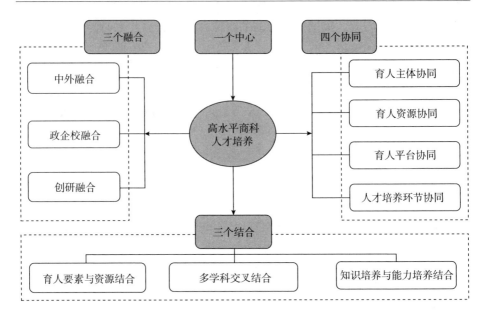

图1 "1343" 政产学研协同育人模式

养目标的达成度"摆在关键位置。天津商业大学积极适应社会和行业对商科人才的需求变化，充分发挥学校的商科优势，从人才培养方案、思想育人体系、教学体系、课程体系、教材体系、师资体系、产教融合体系等方面构建学科交叉、文理交融、德育为先、商学素养与专业能力结合、知识学习与实践能力并重的新商科人才培养体系，重在培养知识广博、知识复合、具备跨学科思维、创造力和实践力强的复合型、创新创业型的高水平商科人才。

2. 拓展协同育人路径要做到中外、政企校、创研三个领域的融合

在新产业、新技术、新业态、新模式背景下，培养大批高水平商科人才，需要在中外、政企校、创研三个领域全力拓展政产学研协同育人的路径，切实做到"政企校融合""中外融合""创研融合"，为学生打造多主体、多资源、多平台、多环节的协同育人实践平台，形成与"商"相融、复合培养的高水平商科人才协同育人路径。

3. 构建协同育人体系要做到主体、资源、平台和人才培养环节四个层面的协同

复合型跨学科强实践的高水平商科人才培养，需要依托政府部门、行业

协会、企事业单位、科研院所等育人主体，搭建四位一体"资源共享、优势互补、互惠共赢"协同育人体系。通过与政府部门、行业协会、企事业单位、科研院所共建协同育人实践基地，在商科人才培养方案修订、教学团队建设、专业课程建设、实践教学过程、人才培养质量评价中促进育人主体、资源、平台和人才培养环节的协同，实现平台共建、资源共享、产教融合、价值共创的目标，形成商科人才培养的合力。

4. 培养核心能力要实现育人要素与资源、多学科交叉、知识培养与能力培养三个方面结合

主动适应新产业、新技术、新业态、新模式的发展对高水平商科人才培养规格的新要求，推进校内外育人要素与资源的有机结合，将经、管、工、法、文、理、艺等不同学科与"商科"深度融合，开展跨学科、多渠道的商科教育，积极培养学生恪守诚信、规划战略、控制风险等方面的商业运作意识，掌握贸易经济、产业运作、企业管理、品牌创新、市场运作等方面的商业运作知识，提升学生商业计划制订、商务运营、经营决策、管理洞察、团队协作等方面的商业运作能力，增加公司运营模拟、融资模拟、创业训练、创业实践等方面的商业运作体验。

（二）高水平商科人才培养的"1343"政产学研协同育人特色实践模式的特点

1. 协同性

在产教深度融合背景下，以"培养复合型跨学科强实践的高水平商科人才"为共同目标，以拓宽政产学研协同育人的参与主体范围为抓手，积极构建政府部门、科研院所、行业协会、企业等全方位参与、资源共享、功能互补、要素协同的政产学研协同育人主体体系，不断提高政产学研协同育人主体参与协同育人的程度，充分释放协同育人的效应。

2. 适应性

积极适应新产业、新技术、新业态、新模式对复合型、跨学科、强实践的高水平商科人才的需要，基于商科人才培养的特点，积极推进商科人才培养方案修订、教学团队建设、专业课程建设、实践教学过程优化、人才培养质量评价与政产学研不同主体的对接，提高政产学研各类育人要素及资源的

链接度，实现知识链、产业链和培养链的深度融合，有效支撑复合型、应用型高水平商科人才的培养。

3. 共建性

育人主体、育人资源、育人平台是高水平商科人才培养的主导性因素，也是政产学研协同育人的关键性因素。围绕高水平商科人才的核心能力培养，牵手政府部门、行业企业、科研院所，打通政产学研协同育人体系建设中的"堵点"，共建实践育人基地、就业基地、产学研联盟和创新人才培养基地，推动校内外育人主体、育人资源、育人平台的融合，加强复合型、应用型高水平商科人才核心能力的培养。

4. 可持续性

新文科教育亟须培养知识广博、知识复合、具备跨学科思维、创造力和实践力强的复合型、创新型商科人才，这一人才培养目标的实现需要健全有效、科学合理、行之有效的政产学研协同育人机制的支撑。立足于商科特色与各学科专业优势，在政府部门、科研院所、行业协会、企业等主体之间构建紧密联结、合作共赢的长效合作机制，有利于调动政产学研不同主体的积极性，形成可持续的协同育人合力。

三、"1343"政产学研协同育人特色实践模式四大支柱的建设实践

（一）多元化"双师型"师资队伍建设实践

教师是高水平商科人才培养的主导性力量，也是政产学研合作的关键性力量。在新文科背景下，面向高水平商科人才培养对教师提出的新要求，牵手政府部门、行业企业、科研院所，积聚多方资源与力量打通教师队伍建设壁垒，协同建设"优势互补、实践助力、交叉融通、专兼结合"的层次化、多元化"双师型"教师队伍，助力高水平商科人才培养，以解决高水平商科人才培养过程中师资队伍的适应性问题。一方面，鼓励校内教师"走出去"，

通过参加国内外教学研讨活动、担任科技特派员、赴政府或企业挂职交流、到相关产业领域开展产学研合作，不断提高教师的专业实践创新能力。另一方面，将校外专家"请进来"，聘请企业家、企业高管、高校学者、成功创业人士等到校兼职授课、讲学、交流或担任兼职教师或硕士生校外导师，形成交流培训、合作讲学、兼职任教等形式多样的教师成长机制。

目前，天津商业大学聘请阿里研究院、商务部中国国际电子商务中心国富瑞数据系统有限公司、天津纺织集团进出口股份有限公司、天津自贸通外贸服务股份有限公司等的 90 余名专家到校兼职授课、讲学、交流或担任兼职教师或硕士生校外导师，选派企业科技特派员 137 人在企业担当技术专家、行业专家、产品经理等角色。2021 年以来，12 名中青年骨干教师参加企业科技特派员项目，新聘任行业领域专家、企业高管 22 人为兼职教师或导师。

（二）"五个对接"的协同育人链条建设实践

根据高水平商科人才培养的特点，将校内人才培养环节、育人要素和校外单位的育人资源、实践资源有效链接，实现校内外人才培养环节、课程资源、实践资源、师资资源等方面的对接，通过政产学研不同主体的深度合作、协同育人平台的共建、协同育人要素的共融以及产教融合体系的建设，解决高水平商科人才培养过程中育人链条有效性不足、育人资源缺乏共建共享的问题。

目前，天津商业大学与政府部门、行业协会、企事业单位、科研院所等112 家单位共建特色实践基地。2021 年以来，与天物昌威国际融资租赁股份有限公司、晋建国际融资租赁（天津）有限公司、华泯商业保理有限公司、华北金科投资管理有限公司等单位新建实践基地 50 个，与中科睿智公司、北京润尼尔网络科技有限公司、天津智空科技有限公司、厦门科云信息科技有限公司等单位合作建设虚拟仿真实训平台，联合天祥集团完成 8 个国际商务课程案例，联合中国市场信息调查业协会、中经数（北京）数据应用技术研究院等共同制定发布"BDA 数据分析职业技能评测标准"，联合中经数（北京）数据应用技术研究院编著出版《数据挖掘》等多本教材，引进跨境电子商务、国际物流、外贸函电、国际商务谈判等实验平台，与金融机构、企业联合举办全国大学生数智化企业经营沙盘大赛天津市总决赛、"学创杯"全国大学生创业综合模拟大赛等 8 项专业竞赛，联合金融机构、行业协会开办金融衍生品方向特色班、融资租赁本科特色班、金融专硕融资租赁方向班，与英国埃塞克斯大学等 9 个国外高校建立了稳定的交流合作关系。

（三）"产研联动"的科研育人平台建设实践

围绕高水平商科人才"学研用"能力培养，加强政产学研不同主体之间的产学研结合，积极统筹资源构建功能连接、产教融合的产研联动科研育人平台，如共建产学研联盟、创新人才培养基地、联合研究实验室等，促进校内外"产研"资源的融合以及科研教学的协同互促，实现知识链、产业链和培养链深度融合。

目前，天津商业大学与 20 余个政府部门和 50 余家企事业单位建立了协作关系。与国际商会租赁委员会、天津市租赁行业协会等持续共建"中国融资租赁研究与教育中心"，与天津市工业和信息化局共建"数字经济与绿色发展研究中心"，与人和众成（天津）汽车科技发展有限公司成立"新能源物流协同创新中心"，与天津众联智能科技有限责任公司共建"数智融合协同创新中心"，联合北京工商大学、河北经贸大学持续共建"京津冀经济学学科协同创新联盟"，牵手 10 多家融资租赁企业开展融资租赁调研和发展报告分析。2021 年以来，对接 40 余家政产学研单位，承担横向课题 40 项，经费超 360 万元。

（四）思政协同育人的生态体系建设实践

思政教育是新文科建设背景下引领商科教育的价值导向，高水平商科教育又是思政教育的新载体。坚持"立德""树人""育才"并重，将家国情怀、诚实守信、工匠精神、科学精神、进取精神、敬业精神、协学精神、奉献精神等思政元素齐聚到高水平商科人才培养体系中的理论教学、实践教学等各环节。

目前，天津商业大学新建思政育人基地 7 个，与南开区水上公园街党委共建实践育人基地，与西青区辛口镇第六埠村党委共建红色教育实践基地，联合西安财经大学经济学院编写出版《经济学科课程思政教学指南》，跨专业组建习近平新时代中国特色社会主义经济思想课程教学团队，与北辰区青光镇韩家墅村合作开展公共管理类课程思政校级教学团队建设，邀请10多名校外专家开展中华优秀传统文化教育，凸显思政育人效果。

四、"1343"政产学研协同育人特色
实践模式的实现路径

（一）构建要素共融的协同育人资源体系

加强与政产学研领域各主体的密切合作，推进高校实践教学过程与政产学研不同主体育人资源的对接嵌入，与政产学研各主体协同建设"课程实验+模拟实训+创新学术训练+创业实践训练+学科竞赛+社会实践+就业实习"的综合实践资源体系。

基于思政育人要素和高水平商科人才培养规格，积极与校外单位共建思政育人基地，注重将政产学研资源转化为思政育人资源，实现全员育人、全程育人、全方位育人，有利于培养品格优秀、知识复合、学科专业交叉、创新实践能力强的高水平商科人才。

（二）构建专兼结合的协同育人师资队伍

以高水平商科人才培养为主线，以政产学研合作平台为载体，积极打造"双师双能型"的复合型教师队伍，"双能"体现为"专业理论教育教学能力+职业指导素质能力"，"双师"体现为"经师（专业引导）+技师（职业资格培训）"。

牵手政产学研各主体，实现校内师资"走出去"、校外师资"走进来"，推行"学术+实践"双导师制度，协同打造专兼结合的高水平协同育人师资队伍，最大限度实现知识广博、知识复合、实践力强的高水平商科人才的培养目标。

（三）构建共建共享的产学研协同育人平台

以共建产学研基地、协同创新中心为抓手，有效构建专业知识应用、创新训练、创业训练、就业实践"四位一体"的场景式产学研协同育人平台。加强产学研合作，把更多的开发项目、产业化课题引入高校，实现校内研究资源和校外研究需求的有效对接，形成多主体产学研协同育人体系。完善产学研协同育人平台的激励政策，充分调动政产学研不同主体参与协同育人的积极性和获得感。

新文科视域下商科类专业人才培养政产学研深度融合路径的探索研究*

韩　婧[①]

摘要： 本文在新文科建设背景下，以商科类专业人才培养为研究对象，系统梳理目前人才培养体系中政产学研协同育人的现状，针对政产学研协同育人主体的积极性不高、协同育人要素及资源共建共享程度不高、政产学研协同育人师资力量不足、政产学研协同育人机制不健全等问题，给出了新文科建设背景下商科类专业人才培养政产学研深度融合的建设思路，立足新商科人才培养目标，深入探究商科类专业人才培养政产学研协同育人的有效实施路径。通过强化和推进政产学研协同育人平台建设、“双师双能”型师资队伍建设、现代产业学院建设、专业人才培养方案建设、实践教学课程建设等，有效解决高校人才供给与市场需求之间的突出矛盾、人才培养与生产实践脱节的突出问题。

关键词： 新文科；人才培养；政产学研；协同育人

随着经济社会快速发展，新兴产业向信息技术、互联网技术、数字经济等方向转型升级，社会对人才的跨学科专业知识结构和综合能力的要求越来越高，高层次、复合型、应用型创新人才成为产业行业急需的人才，但人才培养供给侧和产业需求侧在结构、质量、水平上还不能完全适应，人才培养必须主动迎接新技术革命和产业变革的机遇与挑战。当前，我国人才供需结

*　本文系教育部首批新文科研究与改革实践项目“高水平商科人才培养的政产学研协同育人机制创新与实践探索”（项目编号：2021090017）阶段性成果。

①　韩婧，天津商业大学教务处助理研究员，经营学硕士。

构存在矛盾，中高端技能人才供给严重不足，复合型人才、科技领军人才更是相对紧缺。深化产教融合，构建教育链、产业链、人才链、价值链相融合的高质量协同育人体系，能有效解决高校人才供给与市场需求之间的突出矛盾、人才培养与生产实践脱节的突出问题。因此，高等教育在商科类专业人才培养方面不但要结合自身的人才培养特色，还要建立多维的政产学研协同育人平台，以适应新时代产业行业对商科类人才的需求，从而提升人才培养与社会需求的适应度。

一、新文科背景下商科类人才培养政产学研深度融合的意义

政产学研协同育人是一个多元协作的育人模式，注重引导学生参与实际生产和实践实训，重视学生参与实践活动的有效性，促进理论与实践、知识与实践相统一。政产学研协同育人促进各方资源共享、充分协作，紧紧围绕区域经济发展需求开展协同育人，通过开展课程建设、实验项目建设、实习实训基地建设、企业命题毕业设计、学生竞赛、大创项目等多形式教学和实践活动，引导学生将理论知识与实践有机融合，有效改善理论与实践脱节的情况，促进学生知识、能力、素养方面的综合提升。

新文科是相对于传统文科而言的，其以全球新科技革命、新经济发展、中国特色社会主义进入新时代为背景，突破传统文科的思维模式，以继承与创新、交叉与融合、协同与共享为主要途径，促进多学科交叉与深度融合，推动传统文科的更新升级，从学科导向转向以需求为导向，从专业分割转向交叉融合，从适应服务转向支撑引领。[①] 新文科背景下的人才培养更加注重通识能力、高阶思维、综合能力的培养。新的能力培养要求推动教学内容、教学模式的改革和创新，政产学研协同育人新模式为新文科人才培养的实

---

① 王铭玉，张涛. 高校新文科建设思考与探索——兼谈外国语言文学学科建设 [J]. 天津外国语大学学报，2019，26（6）：1-7.

践教学环节带来了新的变革。通过政产学研协同育人的建设，不断提升人才质量。

新文科背景下的商科类专业人才培养不但要体现"新"，同时围绕专业、课程、教学模式等，突出创新，重点把握三个方面：一是综合化，积极适应"行业导向"，培养跨学科、跨专业复合型人才。二是中国化，积极响应构建中国特色的话语体系，用中国案例、中国理论解释中国现象、解决中国问题、指导中国的经济发展实践。三是产业化，通过产教深度融合、校企合作，推动教学内容、课程体系、教学方法的改革。

二、新文科背景下商科类人才培养政产学研协同育人现状

（一）新文科背景下商科类人才培养政产学研协同育人模式

目前政产学研协同育人在职业类院校开展得较多，职业类院校与企业间的关系比较紧密，所以在这方面做得也比较扎实。职业类院校的协同育人模式多为订单式培养、顶岗实习、工学结合模式。本科类专业在政产学研协同育人方面多以共建实习实训基地为主，共建教材、共建课程、共建实验室等相对较少。为了提升学生就业能力和就业质量，近几年高校逐渐重视协同育人的开展，如与企业共建实验班、实验室，对毕业实习基地建设和实习过程进行优化提升，增加学生在企业实习的时长等。但由于高校在政产学研协同育人方面的管理机制不完善、协同育人各方积极性不高等原因，高校在与企业开展协同育人过程中受到诸多限制，有一些项目没办法做到可持续发展。

（二）新文科背景下商科类人才培养政产学研协同育人存在的问题

1. 政产学研协同育人主体的积极性不高，开展形式相对单一

协同育人参与主体不够多样化，大多还停留在实习合作基地、产学研基

地这类企业协同院校办学的初级合作阶段，主要以单个项目对接单个项目、单个院校对接单个企业、单个学科对接局部产业，这种点对点的方式散布，各主体全方位参与、资源共享、功能互补的政产学研协同育人主体网络还未形成。

2. 政产学研协同育人要素及资源共建共享程度不高

基于新文科背景下商科类人才培养需求，政产学研协同育人体系建设工作推进不够充分，存在着"合而不深""校热企冷"的现象，政府部门、科研院所、企业与高校之间在培养要素链、资源链、需求链上的融合度不高，共研人才培养规格、共建课程教学体系、共施课堂教学、共评培养质量等深度协同模式还有待进一步探索。校企合作如何有效地从教学资源、教学工具、教学平台、校企服务等层面，围绕课堂教学、实践教学、第二课堂、学生竞赛、学生就业等环节，建立资源共享与人才培养生态，还需要深度地探讨与研究。

3. 政产学研协同育人师资力量不足

当下高等学校的教师都能够具备丰富的理论知识，但由于大多数教师在博士毕业后直接入职高校，实践经验尤其是在企业任职的经验相对短缺，在专业实践和创新创业方面不能为学生提供良好的、有针对性的指导①。虽然现在学校不断推动产学合作协同育人工作，引导专业教师在课程内容方面开展建设，将学科前沿、实践内容引入到课堂上来，但由于部分教师对行业企业了解不深，教学仍存在与实际产业需求脱节、应用性不强等问题，对于学生解决现实中复杂的综合性问题能力的提升不足，无法满足新时代新文科背景下社会及行业产业对商科人才的要求。

4. 政产学研协同育人机制不健全

具备跨学科思维、创造力和实践力强的复合型、创新型人才的培养离不开健全有效的政产学研协同育人机制。目前，部分高校还未形成健全的政产学研协同育人的激励机制、考核机制、政策保障机制。

---

① 常会强. 政产学研协同培养新文科人才平台建设探究［J］. 现代商贸工业，2023（16）：84-86.

三、新文科背景下商科类人才培养政产学研深度融合的思路

（一）加快完善政产学研协同育人机制

在学校层面上，应建立和完善政产学研协同育人机制，明确政产学研协同育人机制要素功能，丰富协同育人方式，规范协同育人过程管理，建立协同育人激励机制，推进协同育人可持续发展。

1. 明确政产学研协同育人机制要素功能

政产学研之"政"：政府应以政策引导、政策支持、资金支持、搭建协同平台等为主要功能，充分了解区域经济发展对高等教育专业布局和人才培养的需求，为企业和高校搭建协同育人信息共享平台和合作平台。同时，出台协同育人建设相关政策，推动校企双方开展深度合作。

政产学研之"产"：行业企业招不到合适的工作人员，很多时候与其跟高校对接得不够充分相关，企业与学校开展校企合作多以建立实习基地为主，在人才培养过程中参与较少，学生参加实习之时其学习过程已接近尾声，学生只能通过自我学习来补足学校培养与企业需求之间的差距。因此，在产学合作协同育人过程中，行业企业与高校进行充分对接是十分必要的，不仅要接收学生去企业实习，还需要通过共建实践基地、共建师资队伍、共建课程等形式，培养出企业真正需要的人才，企业也可以利用高校的科研能力促进自身的发展，以形成共赢的良好局面。

政产学研之"研"：科研院所与高校在科学研究方面开展合作的同时，把老师和学生纳入到合作项目过程中，为学生提供接触科研项目的机会，提高学生的科学研究和创新能力。

2. 强化顶层设计，完善协同育人机制

协同育人深度融合的开展离不开顶层设计的指导，细化和规范配套的管理制度，为开展协同育人深度融合提供保障。在人才培养方面，应加强完善

产业学院、实验班等的建设标准，制定专门的管理细则，约定各方的权、责、利，定期召开协同育人联席会议，共同研究协同育人关键问题，[①] 保证其能够正常运转。此外，还可推动各专业将协同育人相关工作纳入到教学研究体系中，在每个学期的教科研活动计划中加入相关研讨内容，与企业、科研院所等紧密联系，定期开展会商研讨。

（二）商科类专业人才培养政产学研深度融合的路径

1. 强化和推进政产学研协同育人平台建设

以项目形式推进学校政产学研协同育人工作，调动协同育人各要素的积极性，有针对性地解决协同育人过程中存在的问题。项目形式可以是多样的，包括科研项目、横向协作项目、教学研究项目、课程建设项目等。以项目建设为平台，加强政产学研各方的紧密联系与协作，从而推进协同育人工作的开展。

2. 推动双师双能型师资队伍建设

政产学研协同育人对"双师双能"型教师的需求是十分迫切的，因为在育人过程中，具备企业实践经验的教师能够发挥桥梁作用。充分发挥高校教师的科研能力和企业高级管理、技术人员的实践能力，将前沿技术和实践锻炼有机结合，通过校企互兼互聘，打造一个教师、工程师等资格兼具，教学能力、实践能力兼备的教师团队。在教学实施过程中，可以外聘企业高级管理、技术人员开展实践教学，而高校教师也可以通过科技特派员、企业挂职等形式提升实践能力。双方互聘，不断提升混合式教师团队的教学水平。

3. 推动现代产业学院建设，探索人才培养全过程的融合

现代产业学院建设以育人为本、服务产业、融合发展、共建共管为原则，要求学校突出自身学科专业优势，明确服务定位和发展方向，将人才培养供给与产业链需求紧密对接，培养适应和引领现代产业发展的高素质人才。按照"产教融合、专业对接、课程衔接"的思路，校企双方在制定人才培养方案、培养标准，创新课程、教学内容、考核评价体系等方面共同开展教学资

---

① 宋万杰，赵爱平，赵婧祎，等.应用型大学新文科政产学研协同育人机制与模式研究［J］.科技风，2023（12）：84-86.

源建设，探索创新创业教育改革。2020年7月30日，教育部办公厅、工业和信息化部办公厅联合发布《现代产业学院建设指南（试行）》，提出加强教师培训，共建一批教师企业实践岗位，开展师资交流、研讨、培训等业务，将现代产业学院建设成"双师双能型"教师培养培训基地。[①]

4. 政产学研在专业人才培养方案制定中深度融合

以产业学院建设为示范引领，引导校内各学科专业深化校企合作，邀请政产学研各方共同组建教学指导委员会，制定和论证专业人才培养方案。在人才培养体系制定过程中，不但要对产业行业进行深度调研，还要调研毕业生的中长期就业情况。在了解产业行业最新需求的同时，也要了解学生就业和发展的情况。此外还要邀请学科专家、行业专家、企业专家共同参与人才培养方案的制定，包括人才培养目标、培养规格、课程设置、实践教学等。结合学校的人才培养特色和专业认证标准、普通高等学校本科专业类教学质量国家标准等，科学制定人才培养方案，全面提升人才培养规格与产业人才需求的契合度。

5. 政产学研在实践教学体系中深度融合

深化产教融合，政产学研各方共同参与制定实践教学体系，一方面，针对以往专业基础课和专业核心课多以理论学习为主的情况，可结合这类课程及开设学期设置相应的实践实训环节，建立理论教学与实践教学有机融合的课程教学模式。另一方面，在专业实习和集中实践环节，可设置双导师制，构建校内实训与校外实践相结合、专业学习与毕业实习相结合、参观学习与项目研习相结合的多维实践教学体系。依托校企共建的协同育人平台，把企业的开发项目、产业化课题引入学校，让更多企业家、工程技术与市场开发人员指导学生开展实践教学活动，推动政产学研在实践教学体系中的深度融合。

① 中华人民共和国教育部. 教育部办公厅 工业和信息化部办公厅关于印发《现代产业学院建设指南（试行）》的通知［EB/OL］. （2020-08-20）. http：//www. moe. gov. cn/srcsite/A08/s7056/202008/t20200820_479133. html.

四、结语

政产学研协同育人是一个多方共赢的协作模式，政府在参与协同育人的同时也能够获得区域经济、当地教育、文化传承和科技创新上的成果；企业在参与协同育人的同时能够获取符合企业需求的具有创新能力的高质量人才；科研院所在参与协同育人的同时能够获得高校科研能力支持；而高校的人才培养质量、师资队伍建设水平、科研能力可以得到全面提升。

新文科背景下商科类专业人才培养的政产学研协同育人模式，是高校主动适应经济社会发展，满足产业人才需求的应用型、创新型人才培养模式，是高等教育与区域经济发展深度融合的人才培养模式。从政产学研融合建设的思路看，其主要目标就是重组教学内容，强化实践教学，着力培养学生的专业核心能力和综合应用能力，提升学生的创新实践能力，而实现这一教学目标的重要手段就是推进政产学研的深度融合。

高水平商科人才培养的政产学研
协同育人保障机制探索研究*

彭　飞①

摘要： 高水平商科人才培养体系需要健全的政产学研协同育人保障机制。探索高水平商科人才培养的政产学研协同育人保障机制，有助于改变当前"政产学研"各参与主体由于在责任和权利方面缺乏有效的制度保障，而导致的难以形成协同育人合力、各主体协同共进的发展格局尚未形成的现状。本文立足于国家战略、区域经济社会发展以及产业发展现实需要，从创新智慧化信息共享机制、完善差异化激励机制、构建目标导向的考核机制以及健全多元政策保障机制四个方面，探索构建"政产学研"协同育人的机制保障体系，以调动政产学研相关主体的积极性，提升商科人才培养质量。

关键字： 政产学研；协同育人；保障机制

党的二十大报告中明确指出要加快发展数字经济，着力促进数字经济与实体经济深度融合。人工智能、大数据等新一代信息技术以及各产业之间有机结合所形成的数字化生产力和数字经济，成为现代化经济体系未来发展的趋势与方向。数字时代是基于创新驱动的新时代，时代发展特点呈现为多样化、个性化、协同化与智能化，在需要着力深化各个细分专业领域、深入研发的同时，更加强调交叉融合以及协同创新的理念。一系列国家重大战略的提出与推进深刻地影响并重塑着经管类高等教育的内涵与外延，"新文科"正

---

　*　本文系教育部首批新文科研究与改革实践项目"高水平商科人才培养的政产学研协同育人机制创新与实践探索"（项目编号：2021090017）阶段性成果。
　①　彭飞，天津商业大学会计学院教师，管理学博士。

是因应数字时代发展要求而产生的。教育部 2020 年召开的新文科建设工作会议所发布的《新文科建设宣言》为新文科未来建设发展方向提供了明确的目标与要求。[①] "新文科"不同于传统意义上的文科思维范式，强调淡化学科之间的边界，倡导打破自工业革命以来业已形成的学科间壁垒，以期新时代的文科通过以目标为导向、以问题为中心，从而实现不同学科之间的有效交叉融合。[②]

高校应主动服务于国家战略、区域经济社会发展以及产业发展现实需要，人才培养要折射出国家与社会对关键产业以及高层次人才所呈现出的新需求和新期待。[③] 伴随着"新文科"建设进程的不断深入，传统意义上的文科人才培养模式已经难以适应当前经济社会现实要求。创新高等院校人才培养模式，成为时代发展的紧迫要求。数字经济与数字社会的打造，需要既能够掌握经济学与管理学基础理论，又可以依靠数据科学技术分析复杂经济问题的复合型应用人才，这对高校商科人才培养工作提出了新的要求，带来了新的机遇与挑战。中央与地方政府、企业、高等院校以及科研机构是人才培养的重要利益相关主体，实现各主体资源的有效整合并发挥其协同共建作用，构建起政产学研协同育人保障机制，是重塑高水平商科人才培养模式、推进"新文科"人才教育教学改革发展方向进一步确立和延伸的关键。

一、构建高水平商科人才培养的政产学研协同育人保障机制重要性

（一）契合国家战略与区域经济发展需求

根据《数字中国发展报告（2022 年）》的统计数据，截至 2022 年底，

---

① 杨锐. 地方院校"新文科"专业教学质量保障体系的构建［J］. 湖北经济学院学报（人文社会科学版），2023，20（5）：147-150.

② 刘军，华迎. 以产教融合为突破口，深化应用型高校新文科专业建设［J］. 新文科理论与实践，2023（2）：19-22+125.

③ 祁占勇，桑晓鑫. 新时代西部高校学科布局的国家方略、现实困境与制度供给［J］. 中国高教研究，2023（6）：72-77+100.

我国数字经济规模已达到 50.2 万亿元，较上年增长 2.42%，占 GDP 比重进一步提升至 41.5%。发展数字经济、打造数字社会与数字政府已经上升为国家战略，成为加速各类资源要素流动、构建新发展格局、形成国家竞争新优势的"先手棋"。数字经济的高速发展，催生了众多新型数字职业，社会对复合型高水平商科人才需求增长明显。根据《产业数字人才研究与发展报告（2023）》预测，到 2025 年我国数字人才缺口将达到 2500 万人以上。

人才培养是新时期高等院校的首要职能，经济社会的不断发展变革，使市场对人才的需求由单一型向复合型转变，由此改革创新高水平商科人才培养体系更具必要性和紧迫性。当前经济社会发展日趋复杂，同时，大数据、云计算等新技术变革，进一步加剧了这种复杂性。打造政产学研多元化主体广泛参与、资源共享、合作紧密的多主体协同政产学研保障体系，加快培养既懂管理又懂技术的复合型高水平商科人才，有助于满足国家战略与区域经济发展变革的现实需求。

（二）推进新文科建设创新发展

新文科建设的根本目标在于培养能够担当起中华民族复兴大任的新时代文科人才，培育文科人才的家国人本情怀。新文科建设内涵为创新人才培养理念，打破传统学科间的藩篱。探索与构建高水平商科人才培养的政产学研协同育人保障机制，有助于改变当前政产学研各参与主体由于在责任和权利方面缺乏有效的制度保障，导致难以形成协同育人合力，各主体协同共进的发展格局尚未形成的现状。打破各个主体存在的本位思想，创新政产学研各主体的合作路径，探索构建起具有战略认同、合作共赢、资源共享、优势互补的"政产学研"协同育人保障机制，有助于高校全面贯彻落实立德树人根本任务，搭建起跨界、跨域、跨学科、跨专业的新时代高水平商科人才培养体系。

（三）整合政产学研资源，提升办学效益

实践能力是高水平商科人才的必备基本能力，也是文科人才培养过程中的难点，随着学科交叉融合程度的不断加深，高校现有培养资源不足问题越发凸显。政产学研协同育人保障机制在培养高水平商科应用型人才方面能够发挥重要作用。政产学研协同育人保障机制可以通过调动政府、企业、科研

机构等主体参与人才培养的积极性，为人才培养提供更为充足的资金支持、更具企业实践经验和应用水平的校外导师、更贴近实际的技术应用场景与课堂案例、更灵活多样的研究课题来源、更丰富的实践教学活动以及更及时的职场信息。"政产学研"各主体之间的联动能够使学科发展前沿趋势与企业的实际生产需求同步，有助于教师及时更新教学内容，以现实需求为导向开展教学活动，提升教学水平。推动政产学研各主体、高校各学科的资源优化与整合，紧密政府、高等院校、企业以及科研机构之间的合作，有利于使高校传统优势学科得到进一步加强，促进交叉学科实现深度融合，进而推动高校人才培养的卓越化、特色化发展，提升高校办学效益。

二、构建高水平商科人才培养的政产学研协同育人保障机制政策措施

（一）创新智慧化信息共享机制

保障机制是人才培养的关键环节，政产学研协同育人保障机制的核心要义在于集中优质资源，为高水平商科人才培养教育教学改革保驾护航。[1] "政产学研"协同育人保障机制的建立离不开政产学研多主体联动、开放协作，各尽其能。政府部门应充分发挥其引领与主体监督作用，推动科教融合与产教融合的开展，同时为主体协作提供政策支持与咨询服务。[2] 高等院校应充分发挥中介作用，在各主体开展协同育人过程中，形成完备的政策及合作流程框架，树立开放办学精神，加大合作办学力度，以平台共建、资源共享以及项目共研为抓手，通过成果共用实现各主体合作共赢，充分发挥自身在各主体协同育人保障机制中的主导作用。企业应适时向高校提供实习与就业岗

---

① 欧阳晶晶，刘磊，陈佳妮．中本贯通教育内部质量保障机制的构建［J］．上海教育评估研究，2020，9（6）：72-76.

② 赵宏轩．"政产学研用"协同视角下法学教育国际化实践路径探析［J］．教学管理与教育研究，2023（13）：4-6.

位、毕业生跟踪反馈评价等信息，以便高校可以更有针对性地调整人才培养目标。科研机构则应基于其现有科研项目，联合高校通过学术交流、共建科研团队以及教学调研等方式，促进学生与教师学术水平的提升。通过多主体交流与协作、互通信息，借助资源整合，形成协同育人合力，不断优化政产学研协同育人保障机制，带动商科人才培养整体水平的提升。

"政产学研"各主体能否有效发挥协同育人保障作用，需要各主体事先明确约定各自的权利与责任，整合各个主体所具备资源以及知识能力，充分利用包括 AI 技术、大数据分析技术等在内的先进信息科学技术搭建起多方主体智慧化反馈管理系统，督促各方履行主体职责，完善及规范协同育人规章制度与流程，协调各方开展协作活动，完成共同任务，实现最终目标。依托多方主体智慧化反馈管理系统，结合外部政策及经济环境变化，预测人才需求发展趋势，反馈人才培养活动协同开展情况，动态调整各方主体活动合作形式，实现政产学研各主体的相关信息及资源实现更大范围、更及时的开放共享，拓展各主体协同育人的广度和深度，寻求其协同育人的"最大公约数"。

（二）完善差异化激励机制

政产学研各主体有着不同的社会分工，存在着不同的目标及诉求，故而要建立起有效的"政产学研"协同育人保障机制的一个重点在于完善协同育人的激励政策，通过制定差异化激励标准，提升各主体的参与度，旨在最大限度调动政产学研不同主体参与协同育人活动的积极性和获得感。首先，政策是差异化激励机制得以顺利推行的前提与基石。政府部门应在税收优惠、合作办学项目扶持、科教融合专项资金以及土地审批等方面出台相应政策，为各主体开展有效协作创造更为宽松的政策环境，同时简化各项业务办理流程，保障各项政策细则的及时落地实施，增强企业、科研机构与高校开展产教融合的信心。其次，要发挥企业参与产教融合的主观能动性。高校要时刻密切保持与企业之间的合作，重视倾听企业与行业的意见与建议，在课程开发、教学改革、教学团队建设等方面给予企业更多的参与和决策权。[1] 另外，

---

① 杨佩月，李运方，乔颖. 应用型本科高校新文科人才培养教学质量保障体系建设研究 [J]. 创新创业理论研究与实践，2022，5（16）：133-135.

高校可以通过与企业合作开办订单班、给予企业优先录用机会等方式创新协同育人形式，激励企业积极参与到面向新技术、新形态、新形势的新文科建设工作中来，提升高水平商科人才培养的前瞻性。再次，与科研机构形成良好的协作关系。一方面，科研机构可借助高校所拥有的领军人才与高水平科研人才资源，加快科研项目的研究进度，共享科研成果。① 另一方面，高校也可通过其研究成果反哺教育教学改革。最后，高校应将知识产权观念贯穿于商科人才培养的全过程，发挥自身在基础研究、人力资源等方面的天然优势，提升自身资源的吸引力，使高校的人才培养与市场现实需求零距离对接，提升自身与企业和科研机构的匹配程度，实现由科研攻关到产业转化的全过程无缝衔接。

（三）构建目标导向的考核机制

在"破五唯"背景下，围绕高水平商科人才"学研用"能力培养，政产学研各主体可以通过搭建"产研联动"的科研育人平台、共建产学研联盟、开设联合研究实验室和实施"专业人才+横向项目"的科研育人培养模式等方式，促进校内外"产研"资源的融合以及科研与教学的协同互促，实现知识链、产业链以及培养链的深度融合。鉴于人才培养的长期性，为保障多主体协同能够起到实效，有必要尝试构建以目标为导向的考核评价指标体系和评价方式。首先，在协同培养之初，应联合各方主体专家，结合社会需求与用人单位人才需求标准，制定出详细的政产学研各方协调合作框架以及人才培养整体目标，并将整体目标依据人才培养能力、素质分类细化至课程目标与教学目标中，多方共同组织学生实习与实践教学活动，结合课程目标与教学目标制定课程考核制度，建立多主体协同育人的培养质量长效评价机制。其次，在新课程开发，尤其是涉及学科交叉的课程开发过程中，高校应鼓励教师联合企业展开专题研究，深入了解新技术在企业中的应用场景，建立案例资源库，打造校企信息共享云平台。在进一步深化校企资源共享共建的同时，也避免了由于闭门造车导致课程内容脱离实际情况的产生。在实践教学

① 于辉，毕宪顺. 大学与城市协同发展的互动机制及其优化路径 [J]. 济南大学学报（社会科学版），2022，32（4）：164-172.

基地建设方面，为使实习实践基地建设更加规范、保障实践教学目标得以实现，实习实践基地应以目标为导向形成集教学、实践、实习、实验以及服务于一体的管理评价模式，从多个维度制定评价考核细则，确保实习实践基地各个环节、各个维度都能按计划目标执行，实行定期检查与自我评价制度，也可以聘请第三方依据建设目标组织专项评估，并将评估结果及时公布。① 最后，建立政产学研协同育人长效跟踪评价机制，结合定期访谈、问卷调查等手段，考核人才培养质量情况，适时评估反馈协同育人效果，促进政产学研协同育人的良性循环。

（四）健全多元政策保障机制

建立健全"政产学研"协同育人保障机制的关键之一在于政策保障。通过完善适应政产学研协同育人的多元政策体系，优化与政产学研协同育人相关的保障机制，这主要涉及政策保障、经费投入、平台建设等方面。在政策保障方面，各级政府应侧重在政策倾斜、实践教学基地建设、师资队伍人才引进、毕业生创新创业等领域提供一定程度的政策倾斜，制定有利于推动政产学研协同发展的政策制度，促进企业、科研机构以及高校之间相互交流协作，共同培养人才。出台财政专项支持项目等具体配套政策，提升各主体参与产教融合与科教融合的积极性，协调各主体的利益关系。在经费投入方面，相关职能部门应强化财政经费支持政策的执行落地，完善经费拨付制度，提高项目经费管理的适应性与灵活性，结合资金应用实际，适当提高间接费用占比。另外，各主体可采用设立促进成果转化专项资金、专项研究课题与产业基金等多种方式，拓宽协同育人资金来源渠道，支持开展政产学研协同育人。同时，政府还应借助政策性融资担保资金，完善贷款风险补偿以及分担制度，为各主体开展协同育人项目分担风险。② 在平台建设方面，实习实践教育基地的建立有助于保障各主体长期参与协同育人工作，同时实习实践教育基地有效弥补了高校实践教学未能融合企业实际工作岗位场景的不足。加快推进校内与校外实习实践基地的建设，一方面，有助于实现高水平商科人

① 樊丽明. 论新文科建设的机制保障 [J]. 中国高教研究，2023（5）：4-8.
② 陈淑扬，杨旻. 政产学研用背景下应用型高校会计人才培养模式创新——以粤港澳大湾区创新创业教育为例 [J]. 大学，2023（10）：92-95.

才培养中实践教学内容的真正落地，通过实践价值链以及实践生态的有机结合，打通高校人才培养至学生就业的"最后一公里"，实现商科人才培养与政产学研单位对接，达到全过程协同育人的目的。另一方面，有助于学生在实践当中得到锻炼，通过实践验证所学知识，实现理论与实践的统一，提升学生就业竞争力。

三、结 论

建设契合高水平商科人才培养的功能互补、资源共享、合作紧密的政产学研协同育人新机制，必须重视构建起与之相匹配的保障机制。完善的政产学研协同育人保障机制有赖于智慧化信息管理机制、激励机制、考核机制、政策保障机制的有效支撑，从而调动政产学研相关主体的积极性，形成协同育人合力。

面向高水平商科人才培养的政产学研协同育人考核评价研究[*]

张 阳^① 高妮妮^②

摘要： 社会对新商科复合型人才的需求日益剧增，政产学研协同育人成为高水平商科人才培养的重要途径。科学有效地考核评估政产学研协同育人的建设发展效果，可以促进协同育人的良性循环。本文在分析高水平商科人才培养内涵的基础上，探索了政产学研协同育人培养模式，从协同育人基础、过程和效果三个层面提出了政产学研协同育人考核评价指标体系，给出了具体的考核评价方法，以促进政产学研协同育人的良性发展，提升商科人才培养质量。

关键词： 新商科复合型人才；考核评价指标体系；发展性评价

以大数据、人工智能、物联网、云计算为代表的新一代信息技术的快速发展与应用，正在不断推进各领域的深刻变革和传统经济的转型升级，影响社会的生产方式、组织结构、商业形态和管理模式等③。在以知识驱动、智慧驱动、数据驱动为引擎的商业模式变革下，高位复合型和综合创新型商科人才的短缺，是现阶段商业企业面临的紧迫问题④。新商业模式的发展推动

* 本文系教育部首批新文科研究与改革实践项目"高水平商科人才培养的政产学研协同育人机制创新与实践探索"（项目编号：2021090017）阶段性成果。

① 张阳，天津商业大学管理学院副教授，管理学博士。
② 高妮妮，天津商业大学管理学院讲师，管理学博士。

③ 张国平. 新商科人才培养模式与实现路径 [J]. 中国高等教育，2021（2）：43-44+50.
④ 张国平，王开田，施杨. "四位一体、四维融合"的新商科复合型人才培养模式探析 [J]. 中国高等教育，2022（11）：50-52.

高等学校加强以不同领域跨界融合为主要特征的新商科①建设，以培养适应现阶段并面向未来商业企业发展的高水平商科人才。政产学研协同育人作为人才培养新模式，为商科人才培养提供了有效路径。有效考核评价政产学研协同育人效果，以适时反馈育人效果，可以促进政产学研协同育人的良性循环，保证商科人才的高质量培养。新商科背景下，围绕高水平商科人才培养，如何构建有效的政产学研协同育人考核评价体系和方法，成为新商科人才培养模式探索中的重要问题。

一、高水平商科人才培养的内涵

高水平商科人才培养要面向新商业模式、面向未来②，以新商科建设为重要抓手，厘清商科人才培养目标，形成商科人才培养方案，构建商科人才培养模式。新商科建设是新文科建设的重要组成部分。2020 年 11 月，全国新文科建设工作会议召开，发布了《新文科建设宣言》，对新文科建设做出了全面部署，拉开了全面推进新文科建设的序幕。新文科建设既强调面向科技革命的学科交叉融合，也强调面向实践改革中的新问题、新矛盾和新挑战③，重点任务在于建设新专业或新方向、探索新模式、建设新课程、构建新理论④。商科人才培养重视实践教育，重视培养解决实践中复杂管理问题的能力。这在新商科建设和新商科人才培养中仍然尤其重要。

高水平商科人才培养应纳入新商科人才培养的范畴，需面向未来，围绕新商科，探讨培养适应于新商业模式的高水平新商科人才。新商科人才关键

---

① 徐永其，宣昌勇，孙军. 新商科创新创业人才跨界培养模式的实践探索 [J]. 中国高等教育，2020（24）：44-46.

② 霍宝锋，张逸婷，姚佩佩. 基于扎根理论的新商科人才培养 [J]. 中国大学教学，2023（4）：4-10.

③ 孔祥维，王明征，陈熹. 数字经济下"新商科"数智化本科课程建设的实践与探索 [J]. 中国大学教学，2022（8）：31-36.

④ 樊丽明. "新文科"：时代需求与建设重点 [J]. 中国大学教学，2020（5）：4-8.

在"新"，体现在新思维、新理论、新工具、新能力方面[1]，即培养学生的商业新思维、与新商业经济和管理相适应的新理论方法、以数据分析和智能决策技术为主的新工具、运用新技术新工具解决复杂管理问题的新能力。霍宝锋等[2]提出新商科人才培养应秉承创新型、复合型和人文型人才教育新理念，以培养学生的核心能力、专业能力和元能力为人才培养目标。其中，核心能力包括家国情怀、全球视野、商业伦理道德、通用能力（硬实力+软技能），专业能力包括"专业知识+核心技能"、交叉学科知识背景，元能力包括主观能动性、可迁移能力、可持续能力等。张国平[3]认为，新商科人才是具有较强跨界发展能力的复合型、综合型人才，属于应用型人才范畴。新商科复合型人才可以分为技能型人才、应用型人才和创新型人才，应具有"专业+"的复合型知识结构、"技术+"的复合型能力结构、"创业+"的复合型素质结构[4]。

面对新商业经济的发展和新商科人才需要，地方应用型商科院校的新商科人才培养改革与探索尤为重要。新商科人才培养的核心问题在于人才培养方案模糊，体现为人才培养的专业定位不明、类型定位不明、与社会需求脱节、精准性不足等[5]。商科人才培养重点在于结合学校特色和特点，厘清商科专业人才培养定位。地方应用型商科院校高水平商科人才培养，应定位于新商科复合型人才培养，培养"厚基础、跨学科、强实践、复合型"的高质量应用型新商科人才。

厚基础知识培养以构建宽厚的理论教学体系为主，重在打造优质的商科通识基础理论课和专业基础理论课。商科基础理论课程体系建设要注重新理论的引入，丰富课程内容，提高课程教学质量，而不仅是课程数量的增加。厚基础培养通过宽厚的基础理论课程，提供商科通识教育和专业基础知识教育，强调学生思维的引导，提升学生核心能力，以实现宽口径商科人才培养，为复合型人才培养提供基础。跨学科思维培养在于面向新商业经济和管理模

①③　张国平．新商科人才培养模式与实现路径［J］．中国高等教育，2021（2）：43-44+50.

②⑤　霍宝锋，张逸婷，姚佩佩．基于扎根理论的新商科人才培养［J］．中国大学教学，2023（4）：4-10.

④　张国平，王开田，施杨．"四位一体、四维融合"的新商科复合型人才培养模式探析［J］．中国高等教育，2022（11）：50-52.

式，进行"专业+"的跨学科跨专业知识教育，重点培养学生新思维，提升掌握运用新工具的能力，从理论和技术层面培养既懂管理又懂技术的复合型人才。强实践技能培养重视将理论知识用于实践的应用技能的培养，通过社会调查、创新创业训练、参与竞赛、实验实训实践等方式，培育"技术+"的实践应用技能。复合型能力是厚基础知识、跨学科思维、强实践技能培养的综合实现，通过顶岗实习、参与企业实践课题和科研课题等，来分析处理复杂管理问题，培养学生的可迁移能力和可持续能力，实现高水平商科复合型人才的培养。

二、高水平商科人才政产学研协同育人模式

地方应用型商科院校高水平商科人才培养模式应以培养新商科复合型人才为目标。张国平等①构建了"四位一体、四维融合"的新商科复合型人才培养模式，即推动高校、政府、企业行业、社会四方主体的全程参与全面协同，促进产教、学科、理实、科教四维资源的深度融合，实现协同育人。李海廷②在"赛教融合"视角下探讨了新商科人才培养模式优化策略，为创新型新商科人才培养提供了借鉴，以适应商科人才培养目标由知识型人才向复合型人才转变的趋势。徐永其等③则提出了以跨科（大类培养，跨科融通）、跨界（校企联合，跨界培养）、跨域（线上线下，跨域融合）、跨境（国际合作，跨境提升）为特点的"四跨"商科创新创业人才培养模式，为应用型高校商科学生创新创业素质培养与能力提升提供了借鉴。

面向日益革新的新商业经济、新商业模式，及时跟进行业企业变革趋势和管理模式变化，并将其转化为应用型新商科人才培养的教育资源，是培养

① 张国平，王开田，施杨."四位一体、四维融合"的新商科复合型人才培养模式探析［J］.中国高等教育，2022（11）：50-52.

② 李海廷."赛教融合"视角下新商科人才培养模式研究［J］.中国大学教学，2023（5）：22-27+41.

③ 徐永其，宣昌勇，孙军.新商科创新创业人才跨界培养模式的实践探索［J］.中国高等教育，2020（24）：44-46.

高水平商科人才的重要途径。这需要多方主体共同参与，探索通过有效地协同相关资源来实现协同育人，以达到培养"厚基础、跨学科、强实践、复合型"的高水平新商科复合型人才的目标。基于此，在协同育人视角下，可以构建相契合的多主体参与的政产学研协同育人培养模式。

政产学研协同育人培养模式，要以高水平商科人才培养为中心，通过育人主体、育人资源、育人平台和培养环节四个层面的协同，促进中外、政企校、科教三个领域的融合，增强育人要素与资源、多学科交叉、知识培养与能力培养三个方面的结合，以有效地实现协同育人培养目标。在政产学研协同育人培养模式中，"四个协同"是关键，从主体间的合作协同、育人资源的协同共享与开发、育人平台的搭建与协同利用方面来夯实政产学研协同育人基础，培养环节协同通过共同参与培养方案制定、教学内容更新、培养过程等加强协同育人过程。"三个融合"和"三个结合"是协同育人培养模式的重要抓手，也是"四个协同"的重要任务和过程目标。在协同育人过程中，以育人主体、资源和平台的协同促进"三个融合"，并在此基础上围绕"三个结合"加强培养内容的建设，进一步促进培养环节的协同。"三个融合""三个结合"与"四个协同"相互影响、相互促进，共同推动政产学研协同育人的有效运行，达到培养高水平新商科复合型人才的目标。

三、政产学研协同育人考核评价指标体系构建

为评价反馈政产学研协同育人模式的运行建设效果，并进一步推动政产学研协同育人的有效运行，达成高水平商科人才培养的既定目标，需要对政产学研协同育人的建设发展和效果进行全面、系统的评估。因此，本文将以多主体协同育人效果为切入点，面向高水平商科人才培养内涵，构建协同育人评价指标体系。

（一）政产学研协同育人考核评价指标体系构建原则

评价指标体系的构建应从政产学研协同育人运行过程出发，以有利于推动培养高水平商科人才为目的，遵循科学、客观、简便、易行的原则。具体构建原则包括：

科学系统性原则。考核评价指标设计选取应系统、规范、准确、合理，要能够科学、全面地反映政产学研协同育人模式运行情况和协同育人效果，加强效果导向，突出协同育人建设的投入程度和努力程度。

客观公正原则。在政产学研协同育人模式实践中，不同商科专业因资源储备、学生规模等不同，影响协同育人建设与运行情况。在设计协同育人考核评价指标时应考虑其固有差异，秉承客观公正原则，重点考察协同育人建设与运行情况。同时，在考核协同育人效果时要考虑不同专业规模的差异性，可以采用比率指标来考虑基数影响，不能简单采用绝对数量。

可观测性原则。协同育人考核评价指标应能够直接观测，可以较为直观地观察和测量协同育人运行情况和育人效果。尽量采用可以量化的指标，注重指标间的相对独立性。

易操作性原则。考核评价指标体系应以关键的少数指标来反映整体情况，力求简便易行、真实有效，要避免烦冗复杂，切忌面面俱到，以便于实施应用。

（二）政产学研协同育人考核评价指标体系的设计思路

政产学研协同育人目的在于培养高水平新商科复合型人才，重在通过多方主体参与，协调各方资源，以实现协同育人。其考核评价指标体系设计应围绕人才培养目标，通过协同育人主体、资源、平台等协同育人基础建设，不断强化协同育人过程，推动协同育人效果的不断提升。在指标体系设计中应重点考虑协同育人基础、协同育人过程和协同育人效果的评估考核。同时，面向新商业模式、未来评估"三个融合"和"三个结合"的进展情况，以推进政产学研协同育人能力的逐步提高。

（三）政产学研协同育人考核评价指标体系

本文依据政产学研协同育人考核评价指标体系设计思路，构建了包含 3

个一级指标、9 个二级指标和 30 个三级指标的考核评价指标体系（见表 1）。一级指标分别为协同育人基础、协同育人过程、协同育人效果，具体而言：

协同育人基础一级指标包括 3 个二级指标（包含 13 个三级指标），分别反映主体协同、资源协同、平台协同方面的信息。主体协同主要评估各主体参与程度和协同机制构建情况，资源协同侧重人力资源、企业实践经验和信息资源的协同，平台协同反映实践能力培养平台、信息共享平台和中外融合促进平台的信息。

协同育人过程一级指标包括 3 个二级指标（包含 10 个三级指标），分别反映培养内容建设、培养过程协同和科教融合培养方面的信息，主要评估新商业实践与新理论进课堂的及时性有效性、跨学科知识培养、实践技能培养和综合型知识运用能力培养等。

协同育人效果一级指标包括 3 个二级指标（包含 7 个三级指标），分别从当下培养成效、培养满意度、学生发展度三个方面来评估，以反映高水平商科人才的培养质量，用于评估政产学研协同育人的效果。

表 1　面向高水平商科人才培养的政产学研协同育人考核评价指标体系

一级指标	二级指标	三级指标
协同育人基础	主体协同	政府政策支持力度
		行业企业支持力度
		高校参与主动性
		行业科研机构参与主动性
		协同运行制度建设力度
	资源协同	双师型师资人数占比
		企业实践案例转化为教学案例数
		信息公开及时性
		信息内容有效性
	平台协同	产学研教学实践基地数
		产学研科研合作平台数
		信息共享平台完善程度
		中外国际化交流平台数

续表

一级指标	二级指标	三级指标
协同育人过程	培养内容建设	校企合作开发课程数
		跨学科交叉融合课程数占比
		产教融合实践课程数
	培养过程协同	校外师资参与授课（共授或独授）学时占比
		产业界师资开展讲座/报告次数
		校外师资兼职指导学生毕业论文次数
		共同指导学生参与竞赛人次
	科教融合培养	学生参与多方共同开展科研课题的人次
		商科实践基地实际使用学时占比
		选题源于合作企业实践的毕业论文数占比
协同育人效果	培养成效	学生参与高水平商科竞赛获奖数量
		专业学生毕业率
		高质量就业流向占比
	培养满意度	学生认可度
		用人单位满意度
	学生发展度	毕业 5 年左右毕业生职业发展状况
		毕业 5 年左右毕业生平均薪酬

四、政产学研协同育人考核评价方法

政产学研协同育人考核评价的目的，不仅是考评政产学研协同育人工作进展和成效，以全面反映协同育人的实际效果、努力程度和发展潜力，更是为了总结协同育人进展中的优秀经验和不足之处，为人才培养过程提供有效的诊断和反馈，进一步改进和完善政产学研协同育人模式。因此，可以采用发展性评价对政产学研协同育人的发展建设情况进行评估考核。这种评价着眼于政产学研协同育人建设的全过程，兼顾目标与定位、过程及条件、能力与水平等因素，重点考核评估协同育人机制自我建设发展水平和效果、与前期相比在建设水平和效果上的提升程度等，以反映协同育人整体进展情况。发展性评价除了可以横向评价对比外，还可以实现自我发展状况的纵向比较，更有利于自我发展与完善。

在考核评价主体和形式上，政产学研协同育人发展性评价主要采取传统的以主管部门为主体，基于协同育人考核评价指标体系进行加权评价的方式。同时，协同育人发展性评价还可以采取研讨会、经验交流会等多种形式，融合管理部门、专家、协同主体等进行参与式评价、表现式评价、动态过程评价等。协同育人发展性评价既可实现考核评估发展水平的功能，同时也可实现考核评价调整、改进主体活动的功能，使参与主体从评价中获得开拓性启发，明确改善方向和措施。

在考核评价过程上，政产学研协同育人考核评价采取定期考核与阶段性考查相结合、自主评价和检查评估相结合的考核评价方式。定期考核可以实行年度考核，阶段性考查可以建设周期为依据实行建设中期考核、建设期满考核等。综合上述分析，可以形成适用于政产学研协同育人的发展性考核评价方法，具体如表2所示。

表2　政产学研协同育人发展性考核评价方法

评价阶段	年度考核	建设中期或期满考核
评价主体	主管部门、协同主体、相关专家等	以主管部门为主
评价内容	协同育人基础、过程和培养成效	协同育人基础、过程和效果
评价形式	加权评价+参与式评价/交流研讨等	加权评价
评价方式	自主评价	以检查评估为主
评价结果	建设发展水平及提升程度	建设发展水平

基于政产学研协同育人考核评价结果，通过横向和纵向对比，可以分析政产学研协同育人的建设发展情况和整体发展过程。同时，结合具体指标评价情况，可以明确建设发展中的不足之处，从而明确改善方向，并提出针对性对策和建议。

此外，考核结果还可应用于政府、学校、企业等协同育人主体的相关决策支持。政府可以根据考核结果调整政策支持力度，不断优化和完善相关政策。学校和企业可以调整相关资源投入，促进协同育人的有效、高质量运行。

五、结　语

　　面对传统经济的转型升级和新一代科学技术在工业生产、商业运营中的深入应用，社会对新商科复合型人才的需求日益剧增。政产学研协同育人模式为培养高水平新商科复合型人才提供了新的培养路径，以达成培养"厚基础、跨学科、强实践、复合型"高质量商科人才的目的。科学合理地考核评价政产学研协同育人实践过程，是培养高水平商科人才培养的重要保障。本文在分析高水平商科人才培养内涵、政产学研协同育人模式的基础上，从协同育人基础、协同育人过程、协同育人效果三个方面提出了政产学研协同育人考核评价指标体系，并给出了发展性考核评价方法，以全面系统地评估政产学研协同育人的建设发展和效果，促进政产学研协同育人的良性循环。

基于政产学研用协同的"五双"数字化应用人才培养模式探索*

安建业①　万晓文②

摘要：本文针对复合型、创新型数字化应用人才培养存在的聚焦不够、培养体系不健全以及培养机制不完善等问题，基于政产学研用协同育人理念，提出了以国家数字化发展战略需求为指引，以学生健康成长为中心，以建立人才培养共同体为载体，将立德树人融入人才培养全过程的双驱动、双导师、双体系、双基地、双目标"五双"协同育人模式，在实践中已显示出良好的应用前景。

关键词：政产学研用；协同育人；数字化人才；人才培养模式

互联网、物联网、大数据、云计算与人工智能等数字技术与传统产业深度融合，推动了科技创新与产业发展，促进了经济社会数字化转型。中国信息通信研究院《中国数字经济发展研究报告（2023 年）》指出，我国 2022年数字经济规模已达 50.2 万亿元，其中，数字产业化规模与产业数字化规模分别占 18.3%和 81.7%，数字化及其衍生的数字经济已成为驱动经济增长的新动能③。社会急需大量适应数字经济发展要求、具备数字理论知识和数字

＊　本文系教育部首批新文科研究与改革实践项目"高水平商科人才培养的政产学研协同育人机制创新与实践探索"（项目编号：2021090017）、天津商业大学研究生教育教学改革研究项目（项目编号：23YJSJG0103）阶段性成果。

①　安建业，天津商业大学理学院教授，理学硕士。
②　万晓文，跨境数字贸易大数据分析产教融合研究中心主任，金融工商管理硕士。

③　中国信息通信研究院 . 中国数字经济发展研究报告（2023 年）[EB/OL] . （2023-04-27）. http：//www.caict.ac.cn/kxyj/qwfb/bps/202304/t20230427_419051.htm.

技术运用能力的复合型、创新型人才。

党的二十大报告指出，教育、科技、人才是全面建设社会主义现代化国家的基础性、战略性支撑，要坚持教育、科技、人才一体统筹推进。传统的以学校为单一主体的育人模式不再适应数字化应用人才的培养要求，探索政府机构、产业部门、高等学校、研究院所及用人单位同频共振的多主体协同人才培养模式，已成为摆在广大教育工作者面前的重要研究课题。

一、数字化人才培养面临的问题

为了找到数字化应用人才培养的有效模式，需要我们紧跟数字产业发展的步伐，加速人才培养结构调整，加大人才培养投入力度，审时度势，深入了解人才培养中面临的具体问题。

（一）社会对数字化人才培养的聚焦不够

数字技术和数字经济的快速发展，对数字化人才的需求呈现出井喷式增长态势，数字化人才短缺已成为当前经济社会数字化转型过程中面临的普遍问题。社会科学文献出版社出版的《产业数字人才研究与发展报告（2023）》指出，当前我国数字人才缺口为 2500 万~3000 万人，特别是高端数字化人才的供需缺口尤为明显，而且缺口仍在持续扩大[①]。但是，高校、企业以及科研院所对数字化人才培养的聚焦不够，无论是高校的学科专业数字化调整的规模，还是企业与科研院所对员工进行数字化技能培训或开展数字化技术研发的投入，都赶不上数字化应用人才需求增长的速度，多元化、多层次数字化应用人才短缺问题已成为影响我国数字经济高质量发展的重要因素。

---

① 人瑞人才，德勤中国. 产业数字人才研究与发展报告（2023）［M］. 北京：社会科学文献出版社，2023.

（二）数字化应用人才培养体系尚不健全

面对社会对数字化人才的强劲需求，数字化人才培养体系尚不健全，仍存在着高校毕业生就业不充分与用人单位数字化人才招工难的结构性矛盾。学校现有数字化人才相关专业数量不足与培养质量不高，校企共建的高质量数字理论与实践课程资源严重缺乏，"双师双能"型师资队伍难以满足数字化应用人才培养要求，招生规模不能满足数字人才培养的需要，教育培训机构的数字化课程设置不够科学，数字化培训教材得不到及时更新，社会对数字化人才能力的评估机制也不健全。培养体系的不健全影响了数字化人才培养的数量与质量，这也是导致数字化人才短缺的原因之一。

（三）政产学研用协同育人的培养机制不完善

强化数字化应用人才培养不只是教育部门的事，还要借助教育系统之外的巨大力量，将政产学研用深度融合、协同推进。近年来，我国在政产学研用协同育人方面做了卓有成效的工作。政府出台政策鼓励产教融合强化数字教育，产业发展刺激了数字技术进步，企业投入大学的科技经费持续增加，高校与科研机构的科研创新能力不断提升，并通过各类数字技术专项计划和合作项目，促进了企业的数字化转型和发展。然而，目前基于数字化人才培养的政产学研用协同育人的耦合机制不完善，在人才培养要素链、资源链、需求链上的融合度不够，还需进一步健全协同育人的激励、评价、考核和政策保障等机制。

二、"五双"数字化应用人才培养模式构建

针对数字化应用人才培养中面临的问题，政府要做好促进产业发展链、科技创新链、人才培养链有效衔接的顶层设计，进一步优化教学资源配置。产业部门要根据数字科技的发展方向，进一步提出技术需求和人才规格要求。学校要面向数字产业发展要求调整学科专业布局，进一步加大数字化人才培

养力度。研究机构要通过与高校的联合科技攻关项目研发，进一步提高数字化应用人才的创新能力。用人单位要根据数字化人才的岗位表现与实践效果，进一步向学校与科研机构反馈数字化人才培养的意见或建议。为此，本文提出以促进数字化产业发展与产业数字化升级为目标，以立德树人为根本，构建政产学研用协同下的"五双"数字化应用人才培养模式（见图1），探索提高数字化人才培养质量的有效途径。

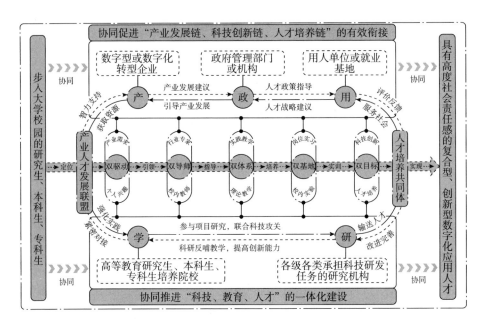

图1　政产学研用协同下的"五双"数字化应用人才培养模式架构

（一）"双驱动"牵引，增强学生的学习主动性

兴趣是最好的老师，如果一个人能够做自己感兴趣的事情，就一定会大大增加其成功的概率。在数字化人才培养过程中，通过开设专业导论、专题讲座、专业实习等系列课程，介绍数字技术的前沿领域与数字产业发展，让学生根据自己的学习与研究兴趣选择好将来从事的专业领域方向，对接数字产业发展需求（见图2）。在产业需求与个人兴趣的"双驱动"下，逐步引导学生树立终身学习理念，实现国家发展战略与个人人生理想的无缝衔接。

为此，在政产学研用深度融合的基础上，构建实验班、数字产业人才发展联盟、数字经济产业学院、产教融合研究生工作站等数字化应用人才培养共同体，让学生深入了解数字化产业发展或人才需求，并以课题研究为载体，进行研究式的学习，增强其学习的主动性。

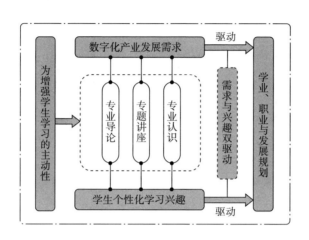

图 2　面向数字化人才培养双引擎驱动

（二）"双导师"指导，助力学生的健康成长

在产业发展需求与个人学习兴趣双引擎驱动下，学生参与数字化应用课题研究，不仅要学习与数字化产业相关的基础理论知识，而且需进一步探索数字化应用技术和应用场景。为此，要围绕复合型、创新型数字化应用人才培养目标，按照学生个人的学业、职业发展规划，以课题与项目为依托，组建由高校教师、行业专家、研究生、本科生共同组成的数字化应用研究课题组，为学生同时配备数字化理论学习校内指导教师与数字化应用研究校外指导教师，助力学生成长、成才、健康发展。在"双导师"指导下，通过共同制订培养计划、共同参与培养过程、共同确定考核结果等形式，更好地发挥校内导师在理论研究与校外导师在专业实践方面的各自优势，促进专业课教学与数字化技术发展相衔接、人才培养与数字化产业需求相融合，从而培养与社会数字化转型发展相协调、与数字化技术岗位需求相匹配、与数字行业

发展相适应的数字化应用人才（见图3）。

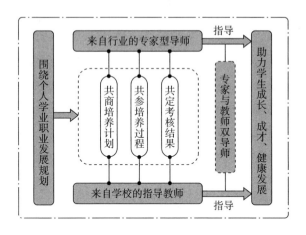

图3 促进数字化人才培养的"双导师"指导

（三）"双体系"培养，提高学生的综合素养

在"双导师"的指导下，校内导师主要为学生定制个性化的数字化理论教学体系，而校外专家则从数字技术创新能力提升的角度制定实践教学体系。在"双体系"的培养下，提高学生的数字化理论知识、数字分析技能与数字综合素养。为此，紧紧围绕数字化应用人才培养目标，沿着培养学生数据采集、数据建模、数据计算、数据应用这条"能力为本"主线，[①] 加强与政府、企业以及大数据、人工智能等行业领域的密切合作，并通过软件编程实践，参加数据建模、数据应用等相关学科竞赛，开展"大创计划"项目、课题研究以及考取数据分析类职业资格证书等途径，以政产学研用多元化主体深度的"融"形成人才培养的"合"力，使学生在学习数字化理论知识的同时，不断提高数据分析应用能力，提高其数字综合素养（见图4）。

---

① 安建业，韩莉莉，徐立. 基于"能力为本"的应用统计专业 CMDA 实践教学体系探究［J］. 黑龙江教育（高教研究与评估），2023（5）：55-59.

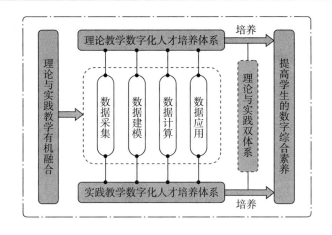

图4 数字化人才培养双体系构建

（四）"双基地"实践，强化学生的创新能力

数字化教学资源与实践教学条件是培养数字化人才的重要保障。通过引企驻校、引校进企等方式，对校内实训基地、数字化企业或产业园区生产资源进行整合，打造兼具数字化专业技能实验教学和企业生产双重功能、校企双主体联合培养数字化技能人才的校内、校外实践教学"双基地"。[①] 校内实验基地侧重于课程内软件编程、数字化专业应用技能等实验教学，而校外岗位实践基地则注重专业综合岗位实习。为此，充分挖掘政府、产业、学校、研究机构以及用人单位各自在数字化应用人才培养方面的潜力，依托"双基地"共建研究中心、共办产业学院、共筑众创空间、共促成果转化，强化学生的创新能力培养（见图5）。

（五）"双目标"实现，形成育人的良好生态

为实现科技创新与人才培养的"双目标"（见图6），需要政产学研用多方同频共振、协同并进，构筑良好的育人生态环境。

---

① 梁莉，向鹏. 基于双基地建设的校企深度融合专业教学改革探索 [J]. 中外企业家，2020(19)：156.

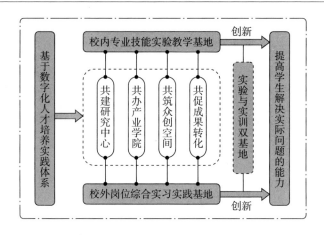

图 5　校内校外双基地建设路线

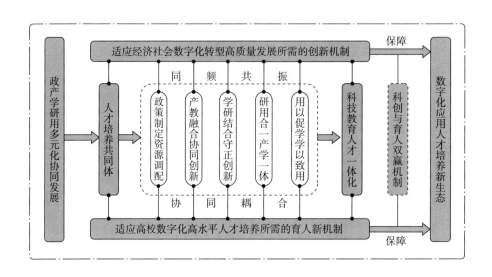

图 6　协同育人"双目标"实现的保障机制

（1）基于协同耦合理念，整合政产学研用多方教育资源，建立数字化教学资源"拓展"机制。对接"政""产""用"三方需求，打好校政、校企、校地、校研等多元化合作"组合拳"，有效衔接产业发展链、科技创新链与人才培养链，建立产业需求与学习兴趣、专兼职教师与行业专家指导、理论教学与实践教学、校内外实验实习基地拓展等多方互动的协同育人机制，不断拓展教学资源，增强其对数字化应用人才培养的支撑度。

（2）基于同频共振理念，发挥政产学研用多方联合优势，建立人才培养模式改革"联动"机制。为解决高校毕业生就业难与企业数字化人才招工难之间的结构性矛盾，建立数字化应用人才培养与国家战略、地区发展以及产业建设的联动机制，探索数字产业人才发展联盟或产业学院等人才培养共同体的育人模式；建立招生、培养与就业三方联动机制，动态调整专业设置，优化学科专业布局；面向社会对数字化人才需求变化，建立"目标调整、方案修订、资源建设、实践指导与质量评价"联动机制，及时更新教学理念，改革教学内容与方法，提高培养目标的达成度。

（3）基于共建共享的理念，推进政产学研用多方深度融合，建立实现科技创新与人才培养目标的"共赢"机制。基于资源共建、成果共享、共谋发展理念，以服务经济社会数字化转型为导向，以推动科技创新、解决"卡脖子"技术或技术短板，以及加强人才培养从而解决数字化应用人才短缺问题为目标，建立政府引领、产业驱动、学校主导、研究机构助力和用人单位协同的人才培养长效机制，以提升高水平科技创新与高质量人才培养目标的达成度。

三、"五双"数字化应用人才培养模式实践与展望

"五双"人才培养模式充分挖掘了政产学研用各方育人潜力，是职普融通、产教融合、科教融汇的有益尝试，在数字化应用人才培养实践方面效果良好，具有很好的示范效应。

（一）"五双"数字化应用人才培养模式发挥了"政产学研用"多方协同融合的优势，将"立德"与"树人"贯穿于人才培养各环节，实现了全员全程全方位育人

"五双"数字化应用人才培养模式很好地对接了国家数字化发展战略，调动了政府、产业、学校、科研院所与用人单位多元化育人主体的积极性，

并将立德、树人始终贯穿于"五双"人才培养过程中（见图7），提高了育人效果。

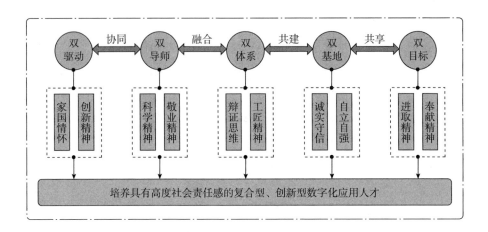

图7　思政教育与"五双"数字化人才培养的融合模式

一是在国家数字化产业发展需求与学生个人学习兴趣"双驱动"牵引下，通过校政企协同与产学融合，引导学生面向国家科技发展需求勇于探索、敢于创新，培养学生的家国情怀与创新精神。二是在高校教师与行业专家"双导师"的指导下，通过校企协同与产教融合，从教师日常一丝不苟的工作态度与行业专家平时的言传身教中，培养学生的科学精神与敬业精神。三是在理论教学与实践教学的"双体系"培养下，通过校企协同与产学研融合，依托理论课程学习与专业实践技能训练，培养学生的辩证思维与工匠精神。四是在校内外"双基地"实践中，借助于数字化课题研究，培养学生诚实守信与自立自强的价值取向。五是为实现科技创新与人才培养"双目标"，通过建立政产学研用多方协同与多元融合保障机制，培养学生积极进取和乐于奉献的良好品质。

（二）"五双"数字化人才培养模式要以产教融合实验班、工作站、产业学院等人才培养共同体为载体，不断推进其落地落实

基于政产学研用多元主体协同建立人才培养共同体，是推动"五双"人才培养模式落地落实的重要载体。为此，天津商业大学理学院积极响应国家、天津市以及学校产教融合发展战略，与津品（天津）管理咨询有限公司成立了跨境数字贸易大数据分析产教融合研究中心。

该研究中心以推动跨境数字贸易高质量发展为目标，以大数据、人工智能技术为依托，以跨境电商科技创新研究项目为载体，以"本硕一体、产教融合、数智赋能"为路径，在全球贸易数字化体系建设、精准化数字展示与撮合技术、行业标准及相关公共政策制定等方面开展研究，为政府和跨境电商行业提供决策咨询，打造具有较大影响力的研究基地和思想库。该中心获批天津市产教融合研究生工作站，通过实践"五双"育人模式，探索培养跨境电商领域数字化应用人才的有效途径。

一是将跨境数字贸易产业发展与应用统计专业硕士研究生、本科生的学习兴趣相对接，在数智化企业管理、精细化运营策略、供应链管理策略、行业标准与应用、产业集群数字化转型等产业技术创新需求与学生学习兴趣"双驱动"下，实现国家数字化发展战略与个人理想的无缝衔接。二是进入工作站的学生，按照跨境数字贸易应用人才需求规格，在校内教师与校外专家"双导师"指导下，以跨境数字贸易研究生创新项目为依托开展研究型学习，以更好地发挥校内外导师各自的优势。三是学生接受统计理论教学体系与跨境数字贸易实践体系"双体系"的培养，将工作站实践创新与校内理论学习有机融合，形成理论与实践相互融通的培养模式。四是不断强化学校实验教学基地与跨境数字贸易大数据分析研究中心"双基地"建设，为学生学习搭建良好的软硬件平台，丰富了教育资源，改善了人才培养的软硬件条件。五是将跨境电商行业的技术需求、发展目标、人才需求与学校的研究团队、研发成果与人才培养融为一体，建立利益分配与风险共担机制，明确各自责权，细化合作细则，完善约束机制，探索政产学研用共赢保障机制，逐步实现科技创新与人才培养"双目标"的达成。

（三）"五双"数字化人才培养模式需要调动政产学研用各主体协同育人的积极性，并在实践中不断完善，逐步实现育人主体的合作共赢

"五双"数字化人才培养模式是一个动态开放育人系统，需要政产学研用各方育人主体共建、协同与联动，以更好地增强对经济社会数字化转型发展的适应性。

一是政府要持续推进数字化人才培养所需的信息网络、平台系统、数字资源、智慧校园等基础设施建设，推动 5G、大数据、云计算与人工智能等新技术的应用，不断完善协同育人机制，为"五双"数字化人才培养模式的构筑提供良好的软硬件环境。二是高校要继续加强数字化学科建设，强化数字技术与传统学科专业的交叉融合，促进产业学院、产教融合研究中心等人才培养共同体建设，扩大数字化应用人才培养的规模。三是企业与科研院所要继续发挥数字技术创新与应用的主体作用，积极开展数字技术前瞻性理论与应用研究，不断完善产学研用协同育人模式，建立长效机制，在共赢的前提下进行共建共享，不断提升"双导师""双基地"的建设质量。四是进一步调动用人单位参与数字化人才培养的积极性，建立良好的政府、学校与用人单位的沟通机制，增强"五双"数字化应用人才培养模式的有效性。

“双师型”师资队伍建设的问题审思与实践创新*

艾　娟①

摘要：立足于应用型高校建设要求以及政产学研协同育人的视角，审思“双师型”师资队伍建设中存在的问题。现阶段，应用型高校的“双师型”师资队伍建设存在普遍的“三不”问题：师资质量数量标准不明确、师资培育引进制度不健全、师资发展评价机制不完善。由此，要健全“双师型”师资队伍的引育管理制度，完善“双师型”师资队伍的质量保障机制，积极创新“双师型”师资建设实践模式，充分发挥“双师型”师资队伍的育人成效。

关键词：“双师型”教师；政产学研协同；应用型高校；制度体系

一、“双师型”师资队伍建设的发展状况

2015年，教育部联合多部门发布《关于引导部分地方普通本科高校向应用型转变的指导意见》（以下简称《意见》）。由此开始，全国很多高等学校开始重新思考与确定自身的办学定位，需要在“学术型”与“应用型”高校类型上做出重要的抉择，以积极回应新时代发展为高等教育带来的新机遇与

* 本文系教育部首批新文科研究与改革实践项目“高水平商科人才培养的政产学研协同育人机制创新与实践探索”（项目编号：2021090017）阶段性成果。

① 艾娟，天津商业大学法学院教授，心理学博士。

挑战。其中引人关注的是，为了更好保障应用型高校的专业人才培养质量，实现应用型人才培养目标，《意见》对定位于应用型高校的教师队伍建设提出了新的标准，突出强调了应用型高校"产学研协同"与"双师双能"型教师两方面的建设。应用型高校要推进产学研协同育人，"通过调整教师结构，改革教师聘任制度和评价办法，引进行业人才、提高教师实践能力，建设'双师双能型'①的教师队伍"②。

2021 年，为了更好地评估检验"双师型"师资队伍建设的情况，教育部印发《普通高等学校本科教育教学审核评估实施方案（2021—2025 年）》。其中，再次明确了定位于应用型高校的教师队伍发展状况的评估标准，要求着重考察教师教学能力、产学研用能力、信息技术应用能力的提升状况，评价教师到业界实践、挂职和承担横向课题的情况，总结"双师型"教师队伍和实践教学教师队伍的比例等③。

不难看出，在国家政策的层面上，2015 年与 2021 年的这两个文件都高度重视"双师型"师资队伍建设的推进与成效，不但在制度细则中明确了"双师型"师资队伍建设的要求，而且在高校审核评估中对其建设成效进行考察。另外，从两份文件的指导性思想中也能够进一步体会到应用型高校师资队伍建设的方向与思路，即持续推动政产学研协同育人与"双师型"师资队伍建设的互动融合，建立一支知识与技能、专业与应用、学校与行业全面对接的"双师型"师资队伍，为实现应用型高校的育人目标提供保障。

回顾近年来应用型高校的发展过程，"双师型"师资队伍建设的状况又是如何的呢？从中国教育网《全国应用型本科高校建设情况监测报告（2022年度）》可以看出，2017~2021 年，应用型本科高校教师参与行业企业实践的经历背景明显增强……"双师型"教师占专任教师比例均值由 22.42% 提

---

① 2015 年，《意见》中首次明确使用"双师双能型教师"这一称谓，其主要是指具有相应的学历水平、行业资格，具备相应的教学能力与行业实践能力的教师。后来的相关文件中，并未全部使用"双师双能型教师"，更多使用了"双师型教师"。因此，为了便于理解和统一，本文之后的内容将使用"双师型教师"，本文中二者的含义是相同的。

② 教育部，等. 关于引导部分地方普通本科高校向应用型转变的指导意见［EB/OL］.（2023-08-01）. http：//www. moe. gov. cn/srcsite/A03/moe_1892/moe_630/201511/t20151113_218942. html.

③ 教育部. 普通高等学校本科教育教学审核评估实施方案（2021—2025 年）［EB/OL］.（2023-08-10）. http：//www. moe. gov. cn/srcsite/A11/s7057/202102/t20210205_512709. html.

升至 24.52%①。较之以往，"双师型"师资队伍在数量比例、实践经历、行业背景、应用能力等方面都有了很大的进步，为培养应用型人才提供了支持和保障。但这一报告也指出，推进应用型高校"双师型"师资队伍建设仍是目前的一项重要工作。尤其是近年来，国家提出了"新文科"建设的要求，大力推进政产学研的协同育人优势，对应用型、复合型人才的培养有了前所未有的重视，进而对"双师型"师资队伍建设的速度与质量也提出了更高的要求。因此，我们应该客观审思"双师型"师资队伍建设过程中存在的问题及原因，在实践中探索创新之道，构建"双师型"师资队伍建设的新格局。

二、"双师型"师资队伍建设的问题审思

如上所述，近年来应用型高校的"双师型"师资队伍建设一直在积极推进并取得了明显的进步。但整体来看，目前"双师型"师资队伍的建设与管理方面存在一些共性的、明显的问题。总结而言，这些问题主要体现为"三不"："双师型"师资的数量质量标准不明确、师资培育引进制度不健全、师资发展评价机制不完善。这些问题不但阻碍了师资队伍建设的良性发展，对应用型人才培养质量也产生了消极的影响，更在一定程度上制约着应用型高校社会影响力与整体竞争力的提升。

（一）"双师型"师资的质量与数量不明确

从"双师型"教师的质量标准上来看，至今还没有形成相对统一的标准认定。应用型高校对何为"双师型"教师缺乏明确的边界标准，对此存在多维理解。从宏观的层面上来讲，《教育部办公厅关于做好职业教育"双师型"教师认定工作的通知》对职业教育的"双师型"教师认定做出了明确的规定。但是，教育部对于普通应用型高等院校"双师型"教师的认定并未进一

① 中国教育网.《全国应用型本科高校建设情况监测报告（2022 年度）》发布——应用型本科高校建设情况整体良好［EB/OL］.（2023-06-26）. http：//www.jyb.cn/rmtzgjyb/202306/t20230626_2111060255. html.

步细化。有些看法认为，依据高职院校"双师型"教师的规定，"双师型"教师应"具备相应的理论教学和实践教学能力"①，这也可以作为普通高校"双师型"教师认定的标准依据。但具体到专业层面上来讲，因为不同专业对接的行业领域存在差异，不同专业应该对"双师型"教师认定持有不同的见解。以法学专业为例，"双师型"教师应该具备相应的学历和学位，同时要具备国家法律职业资格证书，有从事法学专业实际工作经历，以及其他教学、科研、实践指导等经历②。但问题在于，专业之间对于"双师型"教师的认定标准并不能通用，甚至同一专业内的观点也不同。可以说，无论是在宏观文件指导还是专业视野范围内，应用型高校的"双师型"教师资格认定内涵与外延都不明确，导致高校在"双师型"教师认定方面出现模糊性、混乱性共存的现象，在一定程度上削弱了"双师型"师资建设的投入度和成效性。有些高校也正是借助这种资格认定标准的自主性与不确定性特点，并未真正将"双师型"师资建设的各项工作落到实处，导致在对高校师资队伍评估考核时出现了"沾边就算"的资格认定现象，以求在一定程度上应付和满足评估的标准。

从数量上来讲，"双师型"教师比例标准不清且数量不足。从 2016 年至今，大多数省份并未对应用型高校的"双师型"教师比例提出明确要求，即使少数提出明确建设要求的省份，对"双师型"师资队伍的比例要求也不尽相同。比如，山西省教育厅要求"专任教师中有企业工作或实践经历的教师占比达到50%以上；外聘教师中行业、企业、实务部门等兼职教师占比不低于30%"③。四川省教育厅则要求，到 2020 年有实践经验的专兼职教师占转型高校专业课教师总数的比例要达到 60%以上④。很明显，在数量比例的规定上存在两个极端现象，要么是没有任何具体要求，要么是数量比例的要求超出了当前高校师资建设的能力预期。由此，有些应用型高校也出现了两种

① 教育部. 教育部办公厅关于做好职业教育"双师型"教师认定工作的通知［EB/OL］. (2022-10-25). http：//www.moe.gov.cn/srcsite/A10/s7034/202210/t20221027_672715.html.

② 王辉. 法学"双师型"教师队伍建设的思考［J］. 中国高等教育，2020（Z1）：71-73.

③ 山西省教育厅. 山西省教育厅关于推进应用型本科高校建设的指导意见［EB/OL］.（2023-08-01）. http：//www.shanxi.gov.cn/zfxxgk/zfxxgkzl/fdzdgknr/lzyj/bmgfxwj/202105/t20210528_5988647.shtml.

④ 教育部. 四川推进应用型本科高校建设 优化高校类型和学科专业结构［EB/OL］.（2023-08-01）. http：//www.moe.gov.cn/jyb_xwfb/s5147/201812/t20181203_362166.html.

状况，要么是不关注、不重视、不在乎增加"双师型"教师的数量比例，要么是不断努力去应对"双师型"教师数量比例过高的要求。

（二）"双师型"师资的培育引进制度不健全

"双师型"师资队伍建设缺乏成熟的制度体系建设，尤其是培育引进机制不健全。具体来讲，在培育机制方面，应用型高校并无专门的组织机构或者制度体系来管理"双师型"教师的培育引进工作。很多高校仍缺乏对"双师型"教师培养的广泛重视和持续关注，没有制定出系统的"双师型"教师培养方案。对于专任教师而言，现有的教师发展中心并不重视对于教师应用型能力发展的制度建设，比如，没有系统的培训规划，没有发展建立一批"双师型"教师培训基地，没有在教师绩效制度中定性定量地提出相关的经历和业绩要求。

对于兼职教师队伍建设，则存在引进机制不健全、引进行业人才的专项制度不完善、认定标准不一、对应行业水平的人才等级缺乏细分等问题。"双师型"教师队伍中专兼职教师结构远没有达到合理的平衡点①。这种专兼职师资结构的不平衡，一方面体现为专兼职教师数量在"双师型"师资队伍中的占比并无标准可依据。有的高校"双师型"师资队伍中兼职教师占比过多，有的高校则占比极少。另一方面体现为兼职教师队伍中的高水平行业专家引进比例存在不平衡。对于引进高水平、具有较强社会影响力的行业人员缺乏明确的、积极的政策支撑，导致专家引进工作放不开思路，师资队伍建设谨慎保守。

"双师型"师资队伍培育引进制度不健全衍生出很多消极后果。最直接的体现便是：少有专任教师主动去行业领域挂职与兼职，对丰富自身实践技能与经验的积极性不高，不情愿走出校门走入行业应用，即使被迫参加也是敷衍应付。而对于校外行业领域内的兼职教师而言，种种约束使他们不能走进高校深度参与人才培养过程，产学研协同育人缺乏实效。

---

① 谭敬豪，王江海.德国应用科技大学"双师型"教师队伍建设的经验与启示［J］.职教通讯，2022（4）：95-100.

（三）"双师型"师资的发展评价机制不完善

"双师型"师资的发展评价与激励机制存在的问题更为显著。首先，对"双师型"教师发展的评价内容不符合实际，有些标准的制定要求过高。比如，有的高校对参与社会横向项目的考核有经费数量级别的要求，这可能会挫伤青年教师参与行业建设的积极性。青年教师从资历到职称经验，都不能够保障他们获得更大资助、更具影响力的项目。其次，针对"双师型"教师的考核体系不完善，纳入考核的内容相对单一，且不能与教师职称评聘与绩效考核制度形成畅通的互联互认。比如，"双师型"教师更侧重实践类成果的产出，但是职称评聘时学术科研的占比仍很大；有些实践教学成果、实践教学团队、社会服务等均没有被纳入职称评定的范畴，单纯以高经费水平的项目、高水平竞赛类获奖等为指标，显然没有充分调动和激励教师参与行业与社会实践的积极性。

提升应用型高校教师的教学能力与实践能力是一项长期持续的工作。但因为激励机制的不完善，很多教师却对此表现明显的拒绝心态。他们缺乏主动参与的意识，认为参与实践占用了大量的精力，导致自身无法有效进行科研工作。而且相关经历只能反哺教学实践过程本身，较少真正促进学术科研的进步。在教学能力之外，到行业领域去发展自己的实践能力是一种"利益无获"的投入。由此取得的很多工作成绩不但无法全面纳入绩效考评范畴，无法获得更普遍的物质激励和积极的成果认可，也不能为个人评先进、评职称等提供帮助。

三、"双师型"师资队伍建设的实践创新

高校"双师型"师资建设方面存在的"三不"问题，实质上是相互关联、相互影响、彼此牵制的，直接的后果是阻碍了应用型人才培养质量的提升，这有悖于应用型高校人才培养的初心和终极目标。因此，高校"双师型"师资队伍建设要想真正实现从"想要"到"能为"的发展，破解当前的

困境，就需要在政产学研协同育人的视野中，充分发挥高校的主体性与主动性，多举措并用，做好"双师型"师资队伍建设。

（一）"双师型"师资队伍建设需要完善制度体系

政产学研协同育人的主力军仍然是"双师型"师资队伍，这就需要高校深度推进"双师型"师资培育管理、评价激励等制度体系建设，发挥政策自上而下的引领作用与保障作用。

首先，优化"双师型"师资队伍管理制度，完善"双师型"师资细化分类的培育制度。一方面，要在管理制度中明确"双师型"教师的数量与质量要求，严格认定条件与比例范围，依据专业特点为"双师型"师资队伍建设提供明确的指导。另一方面，要把握"双师型"教师培训的针对性与精准性，在培育机制中进一步突出精细化培养[①]。比如，针对青年教师，要加大培训力度，在让其树立主动发展意识的同时，能够进一步通过体系化的培训提升其实践能力获得感，丰富与行业相关的实践经验。当然，除了针对根据年龄分类的教师需求开展培训之外，也可以增加更具专业性特点的培训活动，不定期在二级学院内依托某些专业开展更具针对性和专业特色的培训，促进教师整体教学与实践能力的提升。建立学校与学院、学院与专业等不同层面统分结合、细化精准的培育制度，使培育活动能够常态化运行和发展。

其次，健全"双师型"师资队伍的质量保障与激励机制。高校应该改变以往注重结果评价的思路，制定发展性的"双师型"教师评价制度，重视过程性考核，实现过程与结果的结合，给予"双师型"教师更强、更持续的发展动力[②]。基于政产学研结合的视角，除了改变对"双师型"教师的评价形式，更重要的是要创新评价主体以及评价内容。在评价主体方面，鉴于目前人才培养的主体更加多样，对"双师型"教师的评价也应该多元化，除了学校、学生等评价主体之外，还应该包括行业企业等机构，尤其是那些为教师提供行业参与机会的机构，也应该参与到对教师赋能的过程性考核中来。在

① 王敏，王祖平．基于大数据的应用型院校"双师型"教师队伍建设［J］．教育与职业，2020（4）：61-64.

② 刘海宏．教师专业化理论视角下的应用型院校"双师型"教师队伍建设［J］．教育与职业，2019（2）：70-72.

评价内容方面，要侧重于关注"双师型"教师在实践教学能力、育人效果、教学改革、横向项目以及社会服务等方面取得的成果与成效，对教师在实践技能方面的所学、所得、所用等进行评价。只有重视和尊重老师们在实践和行业中所取得的成果，打通所有考核认定的壁垒，才能完善目前的评价体系和激励机制，让教师从中体验到积极的成就感和价值感。

（二）"双师型"师资队伍建设需要创新实践模式

完善的制度需要扎实的实践工作来体现其价值。建设一支高质量的"双师型"师资队伍，也是政产学研协同育人的优势成效之一。因此，在相关制度的基础上，需要多维度改进"双师型"师资队伍建设的实践模式。

首先，要鼓励、支持与推动应用型专家队伍与教学团队建设。对于不同的应用型高校与专业，要积极在专任教师中挖掘和调动一批具备较高学历、职称以及行业能力的教师，组建一支具有良好社会行业资源、背景、经历的专家队伍，充分发挥他们的教学能力与行业能力。同时，由专家队伍带领组建一批与企业行业联合的实践教学团队，让更多的年轻教师参与其中，提升社会实践经验。可以说，这种做法不但能够调动产学研用的协同，也能够发挥专业内部力量，通过打造成熟的实践专家队伍与教学团队，广泛推广经验，多方面、多视角地推动"双师型"教师的进步。尤其是对于青年教师来讲，更需要通过参与这样的教学团队获得经验与提升能力。教学团队除了具备以上基本功能之外，也能够发挥积极的心理建设功能。教学团队是一个具有共同目的、明确要求的基层组织，不但能够促进教学能力与教学经验的累积与传递，也能够提升"双师型"教师对知识与技能、专业与实践的双重认同。

其次，要在实践中尝试建立灵活开放的"双师型"教师培育与引进模式。对于专任"双师型"教师建设，可以通过搭建与行业的兼职、挂职等平台，丰富其行业经历和实践技能。对于兼职教师而言，要合理平衡兼职教师队伍建设的比例。结合专业特点，畅通优秀行业企业人才到高校兼职的渠道，引进在行业能力与教学能力两方面都能胜任的兼职教师，发挥兼职教师的实践育人优势。比如，有的高校和专业通过实施"兼职教师库"的实践模式，积极引入行业内高水平的专家进入兼职教师库，依据人才培养过程的需求，在不同的时间有针对性地选择相应的行业专家参与教学过程，实现了实践教学师资梯队的灵活运作以及精准实效。还有的高校充分利用多样化的实习实践基地，为专兼职教师的培育、引进以及流动搭建起一个长期有效的互联渠道，不但促进了教师实践能力提升，也充分体现出政产学研的协同育人。

四、结语

随着"新文科"建设的不断推进，以及高校审核性评估的逐渐展开，"双师型"师资队伍建设已经成为应用型高校工作日程中的重要任务。基于政产学研协同育人的大背景，不断提升"双师型"师资队伍的质量是一项实践性很强的工作。因此，只有健全并完善"双师型"师资队伍建设的制度体系，创新工作模式盘活高校师资建设的内生动力与外部动力，才可以为增强高校应用型人才的竞争实力提供有力的保障。

基于多元主体协同育人的
高校课程思政建设路径探索*

杨　洁①

摘要： 在"四新"建设背景下，政产学研协同育人是创新型、复合型人才培养的重要途径。课程思政建设是高校落实立德树人根本任务的需要，是人才培养的应有之义。深入推进课程思政建设，需要在政产学研协同育人模式下，探索课程思政建设路径。当前高校课程思政往往存在有效引领不足、具有认识误区、思政元素挖掘"表面化""硬融入"、课程思政教学能力不足的问题。在政产学研协同育人模式下，从发挥政府规范、指导、引导作用，构建高校、企业整体协同机制，提升教师课程思政教学能力等方面，整体推进课程思政建设。

关键词： 课程思政；政产学研；协同育人；路径

在"四新"建设背景下，为培养适应技术变革和产业变革，能够担当民族复兴大任，具有世界水平、中国特色的复合型、应用型人才，必须要构建政产学研协同育人模式。课程思政建设是落实立德树人根本任务的需要，立德树人是人才培养的核心，所以课程思政也是为高校人才培养服务的。特别是课程思政建设要求在各门课程和教育方式中，深入挖掘其中蕴含的思政资源。这就要求课程思政必须与政产学研协同育人的模式相融合，在政产学研多元主体协同育人的过程中探索课程思政建设的路径。

＊　本文系教育部首批新文科研究与改革实践项目"高水平商科人才培养的政产学研协同育人机制创新与实践探索"（项目编号：2021090017）阶段性成果。
①　杨洁，天津商业大学教务处，经济学硕士。

一、研 究 综 述

"课程思政"是新时代党和国家对高等教育提出的新要求，课程思政在提出时，就体现了对协同育人思想的认同。正如《高等学校课程思政建设指导纲要》指出的，要"让所有高校、所有教师、所有课程都承担好育人责任，守好一段渠、种好责任田，使各类课程与思政课程同向同行、将显性教育和隐性教育相统一，形成协同效应，构建全员全程全方位育人大格局"。但大量的学者、专家将研究内容主要集中在"实施课程思政的意义及必要性，课程思政的具体内容、基本要求，推进课程思政应把握的关系以及具体学科、专业课程改革意见"等方面。以中国知网截至 2023 年 8 月 15 日的检索数据为例，以"高校课程思政"为主题的文献共有 13691 条，以"高校课程思政协同育人"为主题仅检索到 264 条文献。总体而言，已有文献侧重于宏观的理论研究和微观的具体实施，缺少中观层面的主体协同研究。

当前学术界对课程思政协同育人的研究主要是按照二者互为研究背景的逻辑线展开的：一是课程思政背景下如何搭建协同育人平台。石丽艳在《关于构建高校课程思政协同育人机制的思考》中指出，要打造立体育人格局，构建课程资源协同育人机制。二是协同育人视角下课程思政的实践与探索路径。陈淑丽在《协同育人视域下高校课程思政建设的现实困境与应对机制》中指出，通过各部门协同、各类课程教师师资互助、各类课程思政资源互享、各类课程思政教育功能互补，构建课程思政协同机制。在上述 264 条文献中，以"课程思政与思政课协同育人"为主题的文献有 63 条。综观当前学术界对于课程思政协同育人的研究，都认为课程思政是思想政治教育、高等教育人才培养系统的一个子系统，协同思政课开展同向、同行的思政教育，还没有从政产学研协同育人模式出发探究高校课程思政建设的相关文献。而课程思政是一个复杂的系统工程，需要多方参与主体协同发挥效应。本文根据德国学者 Haken 于 1971 年提出的"协同概念"，将"课程思政"作为一个整体系统，从政产学研协同育人的角度，探讨构成课程思政子系统的各部分如何通过协作、合作或同步联合作用产生"1+1>2"的协同效应。

二、高校课程思政协同育人的现状

(一) 高校课程思政建设取得的成绩

近年来,随着国家层面有关课程思政、大思政建设等相关指导性意见的出台,课程思政建设从理论到实践层面得到长足发展,取得了一定成绩。以天津商业大学为例,根据调研及日常工作获取的数据,学校课程思政建设获得初步成效。一是课程思政顶层设计有所加强。学校党委加强组织领导,统一思想认识,成立学校党委层面课程思政工作领导小组,及时根据教育部《高等学校课程思政建设指导纲要》和天津市相关要求,结合学校实际制定课程思政实施方案及任务分解表,统筹协调整体性工作、规划推进阶段性工作,逐步完善课程思政工作体系建设。将课程思政建设纳入学校年度重点工作任务中,及时研究课程思政建设面临的新问题、新情况。二是课程思政工作机制有所加强。学校党委建立了校党委统一领导、部门协同联动、院系层层落实推进的课程思政建设工作格局。结合课程思政建设要求,分阶段逐步推进学校一流本科课程、公共课、专业课等课程教学大纲的修订工作。三是课程思政育人主体践行力有所提升。学校通过发挥示范课程品牌引领作用,设立校级课程思政示范课建设项目、校级课程思政改革课建设项目、校级课程思政优秀教师等,并积极申报参与天津市课程思政示范课建设。四是课程思政育人主动性有所加强。各学院充分结合学科专业特色,发挥自主能动性,积极组织开展专业人才培养方案修订,组织开展课程思政建设交流研讨、思政元素资源挖掘及案例库建设等,形成了具有特色与推广性的建设方法。

(二) 课程思政协同育人存在的困境

虽然高校对课程思政建设进行了有益探索,取得了一定成效,积累了一些宝贵经验,但是离习近平总书记提出的课程思政协同育人的要求还有差距。

本文结合当前文献研究中发现的问题以及就学校目前正在招生专业的建设中提到的关于课程思政的问题进行总结归纳，提出当前高校在课程思政协同育人方面存在的困境。

1. 在课程思政建设上缺乏有效引领

在政产学研协同育人模式下，一方面需要政府通过政策制定和财政、金融工具发挥推动校企课程思政协同建设的指导、引导作用；另一方面需要各教育主体内部围绕教育目标、教育内容、教育方式等进行自我引领。但目前这两个方面的问题还没有得到有效解决，一是当前只有教育部出台的《高等学校课程思政建设指导纲要》，尚没有针对行业企业开展思政教育出台具体文件。二是当前高校对各类课程没有结合学科、专业和课程属性等特点，制定细化的课程思政教学指南和课程思政教学重点。

2. 对"课程思政"的认识存在误区

在政产学研协同育人模式下，行业企业、学校和科研院所都具有育人的责任与义务，都应当开展课程思政教育。在现实情况中，由于缺乏有效引导，校企各方的育人主体对课程思政的认识还不够完备，存在一定程度的误区。一是高校方面，高校教师在经过近6年的课程思政建设后，能认同在其他课程中融入思政元素、开展思政教育的意义，也逐步在建设相关的课程思政资源库。但是部分专业课教师未深入研究课程思政建设的深层次含义，简单地认为在课堂教学和知识点讲解中加入思政元素就是开展思政教育，使课程思政建设"形式化"。二是行业企业方面，在政产学研协同育人框架下，行业企业通过与高校科研院所在技术研发上的项目合作，为在校学生提供实践锻炼和职业训练的机会，让学生实际参与到生产经营中来。但在这一过程中，行业企业往往主要关注工作技能的训练，而忽视了对学生进行行业法规、职业操守、职业素养等方面的教育引导。

3. 课程思政元素的挖掘存在"表面化""硬融入"的问题

由于育人主体对课程思政认识不足，进一步导致课程思政元素的挖掘存在"表面化""硬融入"的问题。具体表现为：脱离专业知识本身，生拉硬拽、牵强附会，做出不恰当的延伸；夸大或错误理解专业知识蕴含的思政教育资源、望文生义、乱解读；简单加入思想政治教育资源，生搬硬套"贴标签"、空洞说教"两张皮"；在专业知识中对融入思政教育资源的度把握不恰当。

4. 教育主体开展课程思政的能力不足

教师是高校课程思政建设的主力军，在政产学研多元协同育人模式下，高校教师和企业教师都负有育人责任，但是高校专业课教师和企业外聘教师更多具备专业技能知识，而缺乏对马克思主义理论和中国特色哲学社会科学理论的准确理解与把握，这就导致在课堂教学和实践教学中难以将思政理论有效融入专业课教学中。此外，部分教师，特别是理工科教师人文知识储备欠缺，会阻碍教师对于专业、课程及知识点背后隐含的有关历史、信念、品格等思政元素的感悟和挖掘，阻碍教师体会课程背后的情感、态度和价值观等教育要求。这一点在学校各专业提出的有关课程思政建设的问题中也能得到一定程度的体现：经管类等文科专业在课程思政建设方面自查的问题主要是如何进一步提升课程思政效果的问题，而理工科专业认为其当下在课程思政建设中的主要问题是思政元素挖掘不足、思政案例建设不足。

三、高校课程思政建设的具体路径

在政产学研协同育人模式下，开展课程思政建设，就要有效整合多元主体各自的资源优势，优化多元主体协同协作机制。结合相关研究和教育教学实践，本文认同将课程思政作为一种教育理念进行研究。从教育理念的角度出发，构成课程思政教育理念的因素包括教育目标、教育主体、教育内容和教育功能。根据协同育人的定义"围绕预定目标，有效整合各种积极资源，通过多主体、多因素之间相互配合、协调互补而实现集约化的协同教育效果"，就是要围绕"立德树人"的目标，通过政府、行业企业、高校科研院所之间沟通互动与协调同行，进行课程体系重构和价值发现，重塑课堂价值观，最终在教学过程中形成整合性的育人功能，实现育人实效的提升。

（一）整体化布局，落实立德树人根本任务

全面推进课程思政建设，要坚持以习近平新时代中国特色社会主义思想

为指导，聚焦立德树人根本任务，推动用党的创新理论铸魂育人，不断增强针对性，提高有效性，实现教育入脑入心。

（1）课程思政建设是一项系统性工程，需要充分调动全社会力量和资源。政府作为国家管理者，要做好整体规划，通过制度规范、政策指引，推动各类课程与思政课同向同行，教育引导学生坚定"四个自信"，成为堪当民族复兴重任的时代新人。政府通过出台相应制度、法规，明确高校、企业在产教融合育人平台中开展课程思政工作的责任；通过政策、金融及税收手段引导、支持高校科研院所和行业企业在产教融合项目中进行课程思政建设。

（2）各高校要以《高等学校课程思政建设指导纲要》为指导，加强对课程思政建设的组织领导。目前各高校已基本建立了党委统一领导、各部门协同参与、各学院落实的联动机制。下一步要结合学校办学定位和特点，切实推动部门协同参与作用的发挥。例如，可以发挥各高校纪检部门在廉洁教育上的优势，大部分高校纪检部门主要针对在校教师或领导干部开展有关职务犯罪的警示教育，可以将受众范围扩大至学生，结合不同学科专业所涉及的行业职业，邀请校外相关单位开展职业犯罪预防讲座，使学生牢记底线意识。另外，学院之间也可以通过协同协作，推动课程思政建设。例如，对于经管类专业人才的培养，诚信教育、社会责任、行业规范等都是课程思政的内容，可以由法学院学生以案例形式为经管专业学生开展诚信教育讲座。

（3）各企业行业在协同育人平台下，可以通过构建与职业能力培养相契合的专业课，以及以各类校企合作技能训练平台为基础的"课程思政"模式，实现部与部协同、课与课协同、人与人协同的"育人共同体"。

（二）突出重点，推进课程思政教学改革

课程思政建设是一种课程观，是要在课程教学中融入价值引导，形成知识传授、能力培养和价值引领相融合，而不是简单地要求在每个章节、每个知识点中都要找到思政元素，也不是不能重复利用思政元素。

（1）结合专业特点分类推进课程思政建设。例如，经管类专业肩负着为我国经济社会发展培养卓越财经、管理人才的重要使命。但是经管类专业的许多教材是西方教材，我们面临着在教材中"失语"的现象，作为哲学社会科学类学科，更应在教学中注意意识形态问题，正确看待教材中的西方观点，

要善于用中国实际、中国特色理解经济发展规律。对于不同专业所涉及的具体职业，要与相关行业企业深入细致地研究人才所需的价值观念、道德品格标准。例如，针对经管类人才更要强调诚信教育，那么此类专业课程思政的大方向要围绕诚信展开，各门课程从不同的角度强调诚信的重要性，使学生的学习获得叠加，加深理解，推动运用。

（2）结合课程属性细化课程思政建设。公共基础课程是高校面向全体学生或者相近专业类别的学生所开设的基础性课程，它是夯实学生基础知识、培养学生通识能力的基础课程，可以从人文素养（思想品德）、科学素养、身心素质等方面融入课程思政教育。专业课又分为专业入门课、专业核心课等，每个专业从产生到发展都有其背后的故事，所以对于专业入门课，可以围绕专业发展历史开展课程思政教育，使学生建立职业使命感和荣誉感。对于专业核心课，要将中国特色社会主义理论的最新研究成果融入其中，将职业素养、道德品质的要求融入其中。

（三）通力配合，提升教师思政能力

虽然行业企业专家和高校科研院所教师承担的课程思政建设任务的侧重点不同，但是二者都同为教师。首先，教师应该努力成为"有理想信念、有道德情操、有扎实知识、有仁爱之心"的"四有"好老师，身先士卒、以身垂范，以自身良好的行为道德和教师职业操守实现对学生思想的浸润。其次，教师要主动自学。教育的本质是要培养人养成终身学习的能力，高校教师也应该主动学习马克思主义理论及其中国化的相关知识，为学生树立榜样。通过学习，不但能提升教师思政理论，还能帮助教师与时俱进，及时关注社会变化，使课程教学更富亲和力和感染力。最后，要政府、行业企业和高校科研院所协同发力，为教师课程思政教学开展教育培训。政府要对高校教师及行业企业外聘教师提出明确具体的培训要求，只有进行相关培训并合格者才能从事教师工作。政府不但要制定底线，还要给予支持，搭建高校和企业间开展思政教育培训的平台，邀请高校思政教师对企业从业者进行培训；邀请行业企业专家对高校教师开展思政案例的培训，讲解行业企业的发展历程、先进人物事迹、重大国家工程建设过程等，使理论和实际相结合，提高教师对理论的理解，提升教师对案例背后的中国力量的感悟。

参考文献

［1］杨建超．协同育人理念下高校"课程思政"改革的理性审视［J］．南通大学学报（社会科学版），2019，35（6）：121-128.

［2］何良伟，靳玉军．新文科背景下高校课程思政建设的实践路向［J］．西华师范大学学报（哲学社会科学版），2023（1）：98-104.

［3］沙印．基于政校企多元协同的高职课程思政建设路径探索［J］．武汉冶金管理干部学院学报，2021，31（3）：70-73.

［4］张红伟，张杰．新时代高校课程思政协同育人创新机制探赜［J］．中国大学教学，2022（6）：71-80.

［5］史巍．论以"课程思政"实现协同育人的关键点位及有效落实［J］．学术论坛，2018，41（4）：168-173.

［6］陈淑丽．协同育人视域下高校课程思政建设的现实困境与应对机制［J］．教学与研究，2021（3）：89-95.

［7］石丽艳．关于构建高校课程思政协同育人机制的思考［J］．学校党建与思想教育，2018（10）：41-43.

新文科背景下经管类专业课程
思政教学改革与实践探索[*]

李　芳①

摘要： 课程思政是高校落实立德树人根本任务的战略举措，也是全面提高人才培养质量的重要抓手。新科技应用和产业革命发展催生新的人才需求。新文科经管类人才培养注重德才兼备、知行合一的育人目标与课程思政立德树人理念具有高度一致性。本文基于新文科理念和《高等学校课程思政建设指导纲要》文件精神，以协同育人、跨界整合的思维为主导，聚焦当下部分高校课程思政建设的痛点，从教师主体、实践教学、政产学研融合、教学方法改革等多个视角，积极探索课程思政新型育人模式和教学改革路径，凝聚多主体育人合力和各方教学资源，推动思政教育与专业教育的深度融合，培养新型应用型、复合型经管专业人才。

关键词： 新文科；课程思政；实践教学；政产学研

新文科是我国"六卓越一拔尖"计划 2.0 中的重要内容，以立德树人为根本任务，促进多学科交叉与深度融合，推动传统文科提质升级，增强高校文科专业服务社会经济发展的能力。2019 年，中共中央、国务院印发《中国教育现代化 2035》，指出更加注重以德为先，更加注重全面发展……更加注

---

* 本文系教育部首批新文科研究与改革实践项目"高水平商科人才培养的政产学研协同育人机制创新与实践探索"（项目编号：2021090017）阶段性成果。

① 李芳，天津商业大学教务处工作人员，研究实习员，管理学硕士。

重知行合一，更加注重融合发展，更加注重共建共享①。2020 年，教育部出台《高等学校课程思政建设指导纲要》（以下简称《纲要》），明确提出"立德树人成效是检验高校一切工作的根本标准……全面推进课程思政建设，就是要寓价值观引导于知识传授和能力培养之中，帮助学生塑造正确的世界观、人生观、价值观，这是人才培养的应有之义，更是必备内容"②。可以说，课程思政是将思政教育贯穿于人才培养，实现育人育才，培养新型应用型、复合型社会主义接班人的根本举措。而与现代经济社会发展联系紧密的经管类专业是当前"新文科"建设的关键一环。积极探索新文科背景下经管类专业课程思政教学改革与实践具有一定的理论意义和实践意义。

一、新文科背景下经管类专业课程思政教学改革的价值意蕴

（一）课程思政是服务新文科立德树人根本任务的战略举措

2020 年的《新文科建设宣言》指出，新时代新使命要求文科教育必须加快创新发展，要坚持走中国特色的文化教育发展之路，构建世界水平、中国特色的文科人才培养体系。在此背景下，社会对于高素质应用型、复合型经管人才的需求逐年攀升，要求高校在人才培养方面紧紧围绕价值引领、德育为先、交叉融合、需求导向、技术驱动赋能等方面提升人才培养质量。所以说，积极推进课程思政能够引导学生以德为先、全面发展，培养有职业道德和素养、有过硬政治素养、有强烈"三爱"情怀，能够担当民族复兴大任的社会主义建设者和接班人。

---

① 中共中央，国务院．中国教育现代化 2035 ［EB/OL］．（2019 - 02 - 23）．http：//www. moe. cn/jyb_xwfb/s6052/moe_838/201902/t20190223_370857. html.

② 教育部．高等学校课程思政建设 ［EB/OL］．（2020 - 06 - 03）．http：//www. moe. gov. cn/srcsite/A08/s7056/202006/t20200603_462437. html.

（二）新文科背景对课程思政建设提出新的要求

新文科建设需要以社会主义核心价值观为引领，用马克思主义理论和方法分析解决当今中国社会面临的各种问题，要以培养"全面发展的人"为核心，建构以德为先、全面发展的当代大学生素质体系①。以此为目标，新文科建设在大力强化德育教育的同时，要注重学科交叉融合、融入最新科学技术、深入社会服务经济发展。这给当下课程思政建设提出新的要求和需要回应的问题。

《纲要》指出，所有高校、所有教师、所有课程都承担好育人责任，守好一段渠、种好责任田。思想政治工作是一项复杂的系统工程，要协调和明确不同学院、不同部门的育人职责，还要协同校内与校外、理论与实践的不同资源和主体，形成良好的育人合力。

（三）新文科理念催生新型人才培养模式，为课程思政教学改革提供新的教学场景和资源

在当下数字经济时代新理念、新技术、新变革、新产业不断出现的趋势下，新文科理念推动高校教育变革，高校不断探索新型协同育人模式。比如，近年来许多高校注重构建政产学研协同育人模式。政产学研协同育人模式就是充分发挥政府、企业、学校、科研院所不同主体的作用，汇集各方资源，协调各方利益，强调协同育人，从而实现跨界资源融合、互利共赢，更好地培养高素质的应用型专业人才。经管类专业人才培养可以将课程思政作为"红线"贯穿于政产学研协同育人模式，充分发挥政产学研协同育人模式优势，为学生提供沉浸式学习体验，丰富专业课程的内涵，提升专业课程思政的针对性和实效性，进而培养新时代背景下应用型高素质商科人才。

---

① 李方舟. 财经类院校新文科怎么建［N］. 光明日报，2020-11-16（08）.

二、新文科背景下经管类专业课程思政建设中存在的诸多问题

（一）教师育人能力和育人意识能动性不足

全面推进课程思政建设，教师是关键。教育部出台《纲要》以后，各大高校制定了一系列举措如火如荼地开展课程思政建设，课程思政理念在校内一定程度上形成共识。然而在教学实践中一些教师仍然存在育人意识不强、教学手段单一、思政基因融入生硬的问题，制约了课程思政育人实效的提升。

新文科背景下对经管类专业人才的培养除了注重德育以外，还更加注重学科交叉融合、知行合一、服务社会、新技术的应用。这些人才培养要求给教师进行课程思政育人带来了挑战。然而，在走访调研和阅读文献后，不难发现，课程思政教学改革中仍然存在专业教育和思政教育"两张皮"现象。比如，有的专业课教师重理论轻实践、重智育轻德育；有的教师单纯传授理论知识，缺乏对社会发展和产业变革的深刻了解，自身缺乏到企业一线工作的实践经验，教学形式单一，教学内容缺乏应用型知识，思政育人实效不明显；有的教师缺乏协同育人的意识，不能汇聚校内外教学资源，不善于挖掘、提炼思政元素，也就不能将思政基因如盐溶于水般浸润到专业课程中；有的教师受自身时间精力和能力的限制，对党的相关理论和当下时政了解不深刻，专业课程思政建设形式刻板。这些都是教师开展课程思政教学改革的掣肘因素，直接影响教师育人能力。

（二）各方主体协同联通育人机制尚未形成

课程思政建设是一个系统性的工程。从育人主体来看，课程思政建设需要校内各部门、各学院、不同学科教师承担起育人责任。从教学资源的时空维度来看，需要校内校外、政产学研不同社会主体的协同联通，需要理论和实践共同推动，要统筹好各类课程的建设，包括公共基础课、专业课程和实践类课程建设。

新文科背景要求经管类专业人才提高解决实际问题的能力、服务社会的能力。《纲要》中提到，"经济学、管理学、法学类专业课程。要在课程教学中坚持以马克思主义为指导……引导学生深入社会实践、关注现实问题，培育学生经世济民、诚信服务、德法兼修的职业素养"。实践育人环节也必不可少。通过走访调研，笔者发现，有些高校尚未建立完善的课程思政育人体系，尤其是实践教学体系。教学环节不能对接真实的生产和科研，教学缺乏融合性和互动性，在实践方面存在形式主义，实践教学主体单一化，实践育人平台少，无法充分发挥实践育人的实效。

另外，要加强校内各部门、各院系之间的沟通交流与资源共享。学校课程思政建设需要建立协同联动的育人机制和集体教研的教学方式，最大限度地发挥课程思政建设中的育人合力。

（三）教学方式缺乏互动性和针对性

课程思政追求的是专业教育与思政教育的"共振"效应，达到润物无声、引人入胜的效果。将思政教育贯穿于教育教学全过程，要尊重教育规律，讲究教学方法，这是提升课程思政实效性的重要手段。有的教师在教学中不能有效利用信息技术收集丰富的思政案例素材，用单一说教的方式向学生讲授知识；有的教师单纯讲授理论知识而缺乏对实践教学环节的设计；有的教师在教学设计环节缺乏特色性和针对性，对学生的吸引力不足，也就很难在思政育人方面让知识入脑入心。数字信息技术的发展和新技术的应用，为课程思政教学改革提供了更多可能性，这也是在课程思政教学改革实践中可以探索的方向。

三、新文科背景下经管专业课程思政教学改革实施路径

（一）修订人才培养方案

新文科背景对经管类人才培养提出新要求。高校围绕应用型大学新文科

建设标准，强化校企合作，邀请校内外行业专家，吸收用人单位、科研院所等政产学研参与方进行沟通调研，共同修订人才培养方案。按照知识、能力、素养协调发展要求，参照国家标准，进一步优化人才培养方案和目标，加强人才培养方案论证，创新人才培养模式。在人才培养方案的修订和完善方面，一方面，可以结合用人单位对毕业生的就业反馈、企业发展的用人需求、学校的发展定位和特色优势，参照本科专业类教育质量标准，将人才培养目标与产业需求链接、课程授课内容与行业标准对接，促进人才培养需求侧和供给侧深度融合。另一方面，要坚持价值引领。在专业课程教学大纲中注重思政元素的有机融入，深入探索培养方案引领、课群带动、各门专业课程具体落实的课程思政教育教学改革，使专业教育与思政教育深度融合并贯穿于人才培养过程。

（二）构建政产学研协同育人模式，搭建实践教学新体系

新文科背景下经管类人才的培养需要重视实践教育。实践教学能引导学生增强职业责任感，达到学思结合、知行合一，在实践中提高解决实际问题的能力，增强创新创业的勇气，成为优秀的创新创业应用型人才。

政产学研协同育人模式是推进新文科人才培养的有效途径。基于政产学研多元主体视角，经管类人才的培养能够运用高校现有的教师、教育资源，调动政府、企业、科研机构在实践、科研领域的特有资源，深化学生的知识应用本领和职业素养。高校可以加强产教融合，整合教学资源，推进实践实验教学发展。

通过构建政产学研协同育人模式，深挖课堂理论与实践活动的耦合联动机制，构建系统性、交叉性、多元一体的实践教学体系，解决经管类人才理论联系实际不够、创新能力不强、学用脱节的问题，拓展课程思政教学改革的深度和广度，为经管类人才培养提供肥沃的实践土壤，优化思政育人实效。

1. 强化校企合作，建立校外实践基地、校内实训基地

很多高校都建有校企合作实践基地，然而有些实践基地的作用未得到有效发挥。加强实践实训，是提高新商科人才适应市场机制的应用性、创新性实践能力的路径之一。高校可以探索建立产学研一体化实践教学基地，拓宽学生实践渠道。教师也可以带领学生到具有科技创新能力的企业、科研院所

等实践基地进行现场教学。笔者所在高校是一所地方商科院校，经济学院开设经济统计学专业，建设跨专业实训基地——经济与统计实验教学中心，充分利用学校经管学科优势和实训基地推进校企合作，实施人才共育模式，提升学生服务行业和经济发展的能力。学校还可以建立产教融合工作室和实训集体，融入优秀企业文化，对接企业工作真实场景，创设浸润式学习环境，学生可以在真实项目中实现学思结合，解决企业发展困境，感受商业文化，传承工匠精神，达到知行合一目标。

2. 挖掘红色创业项目，丰富思政育人资源

高校可以强化政校合作。充分利用红色资源，聚焦国家发展战略和区域经济发展需求，组织学生参加创新创业项目和学科竞赛。可以深入挖掘红色创业项目价值，促使思想政治教育与创新创业教育相融合，发挥思想政治教育在创新创业教育中的价值引领作用。一方面，可以紧密结合大学生创新创业项目，挖掘公益创业项目，实现创新创业实践与乡村振兴战略相结合。另一方面，可以加强校内各学院之间的合作，与思政课教师联合制定研学体系，突出红色研学实践价值，吸引更多中小学生来校参观体验，发挥高校创新创业价值引领作用。同时，高校还可以成立创新创业协会，配备协会专业导师，提升公益红旅项目质量，激励大学生依托新平台和项目发展不断提升个人能力，以奋发有为的状态踊跃投身于社会服务中。通过这一系列举措，学生可以有效提高创新实践能力，将专业知识与实操能力相融合。

3. 采用案例教学法，创新课程思政教学方法

政产学研视角下企业发展中的真实案例是实践教学的鲜活素材，教师可以把商业项目和案例与课程思政教学相结合，采取项目式教学、案例式教学、实训教学等多模态教学法①。一方面，企业可以提供发展中优秀案例用于挖掘思政基因，将其作为课程思政教学素材，共建共享课程思政案例素材库，充分挖掘行业发展中的思政元素。另一方面，学校将企业发展中的难题作为课堂理论研究内容，帮助企业解决实际问题的同时引导学生深入社会实践、关注现实，增强经世致用、服务社会的本领和责任感。

---

① 熊智伟，丁松. 新文科背景下商务英语专业课程思政教学改革探索与实践——以国际贸易实务课为例［J］. 高教学刊，2023（14）：138-141.

（三）紧紧抓住教师主力军，实施"双师"教学模式

新文科背景下人才培养注重学科交叉融合、跨界思维、融合创新，这对于人才培养提出了更高要求，也对教师育人能力提出了新的要求。高校可以探索实施"双师"教学模式，发挥不同主体育人的优势和作用。具体来说，校内教师可以通过挂职锻炼、参加培训、参与科研项目等方式深入一线提升实践的能力①，了解社会的用人需求，体会行业职业素质要求，收集课程思政育人素材和元素，从而提升教师育人能力和意识，在课堂授课中将价值塑造与知识传授、能力培养相融合，提升课程思政教学效果。学校可以聘用企业和政府行业人员及专家担任校外导师，利用其在实践中的经验给学生讲授课，增强课堂育人的亲和力。校内教师还可以通过带领学生参与科研项目的形式服务社会。

（四）打造虚拟教研室，数字经济赋能课程思政教学改革

信息技术时代下，经管类人才的培养要主动顺应信息技术变化和发展，加强教育教学工作与信息技术的融合，以信息技术赋能课堂教学革命，汇聚不同层次的教学资源。基层教学组织可以尝试建立虚拟教学组织，一方面，可以尝试在构建政产学研育人机制基础上，将企业、政府、科研单位的行业专家和学者纳入到教学组织中，定期开展教学研讨。另一方面，为了发挥课程思政和思政课程的协同效应，建立专业教师和思政教师教学研学机制，"手拉手"集体备课，明确思政育人的难点和重点，互促教学质量提升。

（五）加强协同化育人系统设计，统筹推进课程思政建设

随着产业变革和数字经济发展变化，新文科人才培养学科交叉、跨界融合的要求使课程思政建设难免面临跨学科、跨专业、跨部门协同育人场景。这就需要高校加强顶层设计，构建协同育人机制，激发不同主体和组织协同育人主动性，丰富课程思政建设场景和资源，提高课程建设深度和广度。比

---

① 宋万杰，赵爱平，赵婧玮，等．应用型大学新文科政产学研协同育人机制与模式研究［J］．科技风，2023（12）：84-86.

如，新文科背景下，经济类、管理类、财经类专业需要与理工科专业交叉融合，而有的学校理工类教师数量和结构有限，不同专业和学院之间缺乏协同育人机制。从这个角度来说，高校可以根据整体的专业调整和升级改造，结合学科交叉融合需求进行课程思政整体设计，鼓励学院之间合理分工、共建共享共研，实现优势互补。同时也可以探索与其他高校之间的交流机制，互兼互聘，优化教师的结构和层次，促进教育资源的流动，助力课程思政的建设。此外，课程思政教学改革中教师应注重建立考核机制和多维的评价方式，结合学生访谈、问卷调查等手段，适时评估课程思政育人效果和学生反馈，与课堂教学改革形成闭环，提升课堂教学改革实效。

四、结　语

课程思政是落实立德树人的根本举措，是人才培养的应有之义。本文聚焦新文科背景下经管类人才培养需求积极探索经管类专业推进课程思政教学改革的路径。从修订人才培养方案、搭建实践教学新体系、实施"双师型"教学模式、打造虚拟教研室、加强协同育人系统设计等多个方面，为新文科经管类专业课程思政实践探索和教学改革提供一些借鉴。

政产学研协同育人背景下数智技术在教学管理中的应用研究[*]

李冰洁^①

摘要： 在政产学研协同育人背景下，探索数智技术在高校教学管理中的应用，有助于提升培养适应经济社会需求的高素质复合型新商科人才的能力。本文通过研究数智技术在教学管理中的应用现状和问题，以"数智赋能·数据驱动·多元协同·创新管理"为抓手，从建设数智化教学管理平台、数据驱动教学管理决策支持、政产学研联动培养模式优化创新等方面进行应用研究，以期为今后高校教学管理改革工作提供借鉴。

关键词： 政产学研协同育人；教学管理；数智技术

一、引言

政产学研协同育人是高校、政府、企业和科研院所等主体联合成为一体化状态，达到合理配置和利用各方优质资源，全方位深入协作互助，有效组织教育教学活动，培养具有创新意识和实践能力的复合型人才的培养模式^②。政产学研"四轮驱动"，产教深度融合是办好高等教育的关键，也是实现

---

* 本文系教育部首批新文科研究与改革实践项目"高水平商科人才培养的政产学研协同育人机制创新与实践探索"（项目编号：2021090017）、天津商业大学研究生教育教学改革研究项目（项目编号：23YJSJG0103）阶段性成果。

① 李冰洁，天津商业大学理学院助理研究员，法律硕士。

② 朱绍友，孙伟，章孝荣，等. 对高校协同育人及其机制构建的若干思考——以安徽农业大学为例［J］. 高等农业教育，2015（7）：41-44.

"四新"建设的必由之路①。数字经济时代，传统产业结构转型升级加快，引发商业模式变革，日益多元化的商业活动驱动高等教育必须随之做出改变。高校在政府政策引导下，关注经济产业发展需要，深化与科研院所的合作，培养出满足企业转型升级需求的高素质复合型数字化应用人才是政产学研协同育人的应有之义②。

政产学研协同育人作为一种人才培养模式或者说体验式学习方式③，虽然经过了积极的探索，但仍存在许多问题和困难。譬如，参与主体规模小，缺乏稳定性；参与主体合作程度不够深入，各方缺乏积极互动交流等。以大数据、人工智能、云计算、物联网为代表的数智技术快速兴起，不仅深刻影响社会各行业管理业态，还为政产学研协同育人带来新的发展点。数智技术的应用不仅可以有效解决多元协同主体之间的信息互联互通及共享问题，还对政产学研协同育人体系的智慧化转型升级具有重要意义。

目前并未有过多学者就高校如何通过应用数智技术，提高教学管理水平、优化教学管理流程，进而充分发挥与政产研的资源合作优势，为社会输送创新人才进行研究。高校是政产学研协同育人模式中培养人才的主体。本文以数智技术与教学管理融合发展为切入点，从教学管理的视角，以"数智赋能·数据驱动·多元协同·创新管理"为抓手，探寻数智技术在教学管理应用中的优化路径，剖析数智技术对政产学研协同育人的影响。

二、数智技术在教学管理应用中的现状与问题

（一）对教学管理数智化建设重视程度低

数字时代，各行各业都在推进数智化发展进程，相较于企业数智化建设，

① 吴岩. 深化"四新"建设走好人才自主培养之路［J］. 重庆高教研究，2022，10（3）：3-13.

② 黄可权，郑国诜. 面向数字经济的新商科政产学研协同育人机制创新与实践——以龙岩学院为例［J］. 创新与创业教育，2022，13（1）：62-69.

③ 约瑟夫·E. 奥恩. 教育的未来：人工智能时代的教育变革（第1版）［M］. 李海燕，王秦辉，译. 北京：机械工业出版社，2018.

高校教学管理数智化建设还存在很多不足。许多高校没有充分认识到数智化管理的价值,重视程度不够,片面地认为教学管理就是"纸质走流程,电脑存数据"。更有高校认为,把人、财、物投入到教学管理数智化建设中是一种资源浪费,这种传统落后的思想观念,在很大程度上阻碍了教学管理的数智化发展。

(二)教学管理数智化建设缺乏全局化观念

高校内部没有针对教学管理数智化建设进行全局统一规划,也没有考虑对接政产研等外部系统资源。高校不同部门之间使用的软件不尽相同,数据与系统无法兼容,这样导致各个层面的信息无法实现互通共享。

不同的部门还会因为自身工作需要对大量重合数据进行统计,这样既增加了师生负担,又浪费了教育资源。不同部门的统计端口采用不同的观测维度和指标体系,统计出的数据无法有效衔接,形成信息孤岛,导致信息网难以形成。在这种情况下,教学管理效率低下,数据无法被有效利用,增加了教学管理和政产学研协同育人工作的复杂性。

三、数智技术嵌入教学管理显示的新样态

数智技术的嵌入,使高校教学管理从一体化格局向差序多元格局状态演变。依托大数据等技术具有的整合归纳和分析挖掘的功能,打破数据信息流通的不均衡性和政产学研各主体合作机制的壁垒。

(一)提高教学管理工作的信息化,实现服务育人

教学管理工作内容烦琐复杂、工作量大。随着扩招,师生数量逐年增加,教学管理工作的难度也在不断加大。数智技术在教学管理中的应用,可以打破传统管理模式的局限性,避免人工操作带来的各种缺陷和不足,不仅能够减轻个人的工作压力和强度,还能高效便捷地实现信息获取、分类加工、传递共享,降低管理误差,确保教学质量,提高教学管理质量。

另外，教学管理工作的服务范畴非常广泛，除了高校师生，还包括教育教学内外部环境和人员。推动数智化建设，把"以人管事"的传统管理模式转变为以数智技术为中心的信息化服务模式，可以进一步提高服务效能。

（二）实现教学资源共享，驱动政产学研协同育人发展

将大数据、云计算等嵌入数据管理，可以实现高校内部的互联互通和信息共享。学生学籍信息、教师个人信息、课程数据、考试成绩数据、科研和教研项目信息、教室场地信息等都是教学管理的基础内容，数据量非常大且涉及多个管理部门，通过数智技术对各部门的信息数据进行集成处理，将实时更新的准确数据分享给需要的部门，既节约人力、财力成本，还能有效地提高教学管理数据的精准度。

数智技术与教学管理有机融合形成的新型共享模式，拓宽了教师、学生、科研人员、企业技术代表的沟通渠道，增加了各方交流、合作、创新的新平台，打破了时空限制，保障各方可以随时随地使用平台信息或者利用平台进行沟通交流。各主体可以结合自身实际需求主动利用教学资源，提高协作效率。

四、数智技术在教学管理应用中的路径优化

（一）建设数智化教学管理平台

《高等学校数字校园建设规范（试行）》提出，高等学校在数字校园建设过程中应将数字校园作为一个整体，加强总体设计，保障数字校园基础设施、信息资源、应用系统以及网络安全、保障体系等方面协调发展，避免出现信息孤岛。建立数智化教学管理平台，使不同部门、不同时期的系统数据有机集合到平台，保持数据的一致性，作为所有教学管理数据的唯一标准数据来源，是实现数智技术与教学管理深度融合，构建政产学研良性互动合作机制，深度挖掘各方在产教融合、社会服务、科技创新、政策建议、人才培

养等领域优势的重要途径。

1. 建立健全数智化教学管理平台运行机制

健全的运行机制是平台高效运行的保障。明确的管理制度把教学管理系统的各分要素有机连接成一个整体，保证教学活动有序、高效、规范进行。

全面推进数智化教学平台建设应用，就要完善数据共享机制，确定多元主体需求，提高各方主动性；规范数据共享程序，明确多元主体权责，降低信息损耗；建立数据安全运行保障机制，做好监督管理工作，保证信息数据的真实性和有效性；加强管理人员保密意识，提高管理人员保密能力，避免信息被泄露和篡改。

2. 拓展数智化教学管理平台开放型多元功能

平台参与教学管理与教学资源调配全流程，通过云计算基础架构将教务、财务、学工、人事、后勤、科研等所有部门的子系统纳入平台统一管理，实现多部门数据共享。通过使用加密技术，对教学运行过程中产生的各项数据进行强有力的加密保障，以避免信息被非法窃取、篡改。平台通过完善日志和审计功能，可以对异常数据进行追踪，完善备份和还原功能，保证数据不会遗失。通过计算服务，可以非常方便迅速地构建个性化服务，实现单点登录及数据共享，有效解决信息孤岛和标准不统一的问题。通过云储存和云管理，可以实现教师学生个人资源的储存管理与分享。根据数字校园的统一规划要求，按照国家、教育部和相关行业数据标准进行平台设计，从而为政产学研协同运作提供底层数据基础。另外，平台保留接口，在建设开发或升级出更加符合实际校情的模块后，随时实现与新平台或者外界网络的整合对接。

（二）数据驱动教学管理决策支持

《中国教育现代化2035》提出，建设智能化校园，统筹建设一体化智能化教学、管理与服务平台，以及推进教育治理方式变革，加快形成现代化的教育管理与监测体系，推进管理精准化和决策科学化。"智能时代，数据才是根本"，但单一的数据本身不能直接产生价值，需要经过数据挖掘和分析学习，才能转换成证据支持教学管理决策。

1. 决策依据从"数据"到"证据"的转化

数据与证据是两个不同概念，教育决策使用的证据是数据在经过分析挖据后体现的客观事实。所以，有充足的数据，未必可以作为决策的必然支持。数据是决策的必要基础，只有采用与问题解决有关的方法才能对决策产生作用。

大数据技术作为一种具备信息量大、种类多、处理数据速度快等特点的治理资源，将海量数据转变成证据后，不仅可以提高各项教学管理工作的精准性和科学性，还可以辅助高校在政产学研协同育人过程中做出客观、全面且科学的决策。通过决策统筹政产学研各方资源配备，将实时数据作为多元参与主体的沟通桥梁，真正形成协同育人的利益共同体。

在教学管理决策中，如果数据囿于高校内部，割裂与经济社会发展数据的关联，也会制约数据向证据的转化。这要求教学管理决策支持中要有转换思维，用更为开阔的眼界，将教学与产业、科研的融合同政府的互动结合起来，在最大程度上实现证据的合理转化。

2. 决策过程从"经验假设"向"数据驱动"的演变

教学管理经验是重要的教学资源，但仅依靠经验去做决策就会有误差产生。传统教学管理误差是在教育管理经验长期积累过程中形成的。科学的决策过程强调减少个人知识结构、经验背景、意识形态、价值立场等主观因素对决策过程的干扰，鼓励用客观数据和量化结论支撑决策的论证。

数据驱动、智能化分析作为教学管理决策支持的技术工具和思维范式，通过数智化教学管理平台汇聚的海量动态信息及数据间的关联性分析，可以看到发展过程中存在的问题和趋势，了解发展规律。对随着教学管理活动和在协同育人过程中产生的文本、音视频等伴生性数据进行处理利用，结合不同的目的，建立不同的计算模型，开展智能化的诊断，可以及早发现问题，实现数据驱动决策过程。

3. 时间维度从"单点"到"连续"过渡

教育是面向未来的事业，教学管理决策的时间周期相对较长，所以在教学改革和发展实践中，决策人员大多面临的是不确定情境。静态孤立地描述某一时间范围内的"单点"数据并不能作为长周期、不确定情境下决策的依据。把教育现代化发展的过去、当下和未来连接起来，在时间轴上形成连续性数据源是保证教学管理决策过程连续性的核心。

通过云储存及智能备份等功能，获得连续可靠的数据源。将历史数据与预测数据有效整合以作为证据，以此为基础实现跟踪式监测评价，关联性和深度化分析、监测评价、预测预警。另外，通过大体量数据可以随时查询并验证信息，减小了决策过程的时间压力。教学管理人员可以避免传统上报信息的长周期和信息损耗，实时更新的信息和自我验证能够减少客观等待时间，保障及时作出决策。

（三）"政产学研"联动培养模式优化创新

1. 完善课程体系，建立教学资源库

数字时代背景下高校应该改变现以基础理论课程为主、实践课程为辅的传统课程结构，完善与政产学研联动培养模式相匹配的课程体系，提高学生综合应用能力和创新能力，满足经济产业需求。高校应结合本地区行业特色和产业优势，锚定企业急待解决的关键技术问题，寻找人才培养和经济社会发展的有机结合点，实现课程体系与经济社会发展同步规划、建设和发展。

为实现课程体系与经济产业标准的对接，在高素质复合型新商科数字化应用人才成长规律的基础上，以满足产业经济发展的人才需求为基点，以遵循行业标准和岗位工作要求为方向，构建教学资源库。高校将原有理论课程进行优化后纳入教学资源库，并加入名校网络课堂、案例库、专家讲座库、素材资源库、学科专业知识库、行业前沿知识库、企业管理讲座库等，综合运用数智技术建设其他网络课程。通过数智化教学管理平台共享健全的教学资源库，进一步扩大优质资源的覆盖面，优化资源配置。

2. 加强教师队伍建设，打造"双师型"教师队伍

高水平的教师队伍是实现政产学研联动培养模式目标的先决条件。打造"双师型"教师队伍，不断完善教师队伍的层次结构，可以发挥"双导师"在理论研究和实践创新方面的共同育人职能。通过高校教师、企业导师和科研导师建立联合虚拟教研室，围绕专业建设、人才培养和课程体系等方面定期举办线上交流研讨，加强知识的转化合作。通过高校教师深入企业进行前沿技术的学习交流，切实提高高校教师的实践创新指导能力。要培养出能够综合运用理论知识解决实际复杂问题的高素质复合型创新人才，就要充分发挥高校教师、企业导师和科研导师各自的育人优势，积极利用好高校和企业的不同育人环境。

3. 丰富实践教学内容，实现定制化教学

一方面，高校联合企业、科研机构充分挖掘不断变化的社会需求和与经济产业关联的行业信息，通过整理和配对分析，进一步明确行业对人才的需求，在此基础上设置以实际产业需求为导向的在线实训课程，与传统精品实训课程共同构成完整的实践教学课程体系。

另一方面，教师通过充分利用 AI、VR、大数据、物联网等数智技术改进教学方法，构建因材施教、个性化、创新化的智慧教学环境。通过校企合作、科研机构的支持、企业导师进课堂等，推进虚拟工厂、虚拟仿真实训室等网络学习空间的建设和普遍应用，打破传统教学模式，推动项目式教学，以学习者为中心，提高人才培养质量，实现"规模化培养+个性化发展"的有机结合。

五、结 语

政产学研协同育人的优势在于资源的深度整合，数智技术在教学管理中的应用大大提高了高校在政产学研协同育人体系中的主动性。通过建设数智化教学管理平台、数据驱动科学决策、完善课程体系、丰富实践教学内容、打造"双师型"教师队伍等思路，促进教育链、人才链、产业链、创新链的有机结合，为政产学研发挥协同育人作用提供了优化路径。

"三全育人"视域下中外合作办学项目大学生思想政治教育方法探究*

杨　奕①

摘要：中外合作办学项目是全球化时代教育开放的前沿阵地，能提供国际化资源并促进文化交流。然而，西方资本主义意识形态可能影响师生的世界观、人生观、价值观。如何在中外合作办学中发挥其优势，培养"国际型""复合型""创新型"人才，进行有效的思政教育，是一个重要问题。本文通过分析"三全育人"视域下的关键问题，结合中外合作办学学生特点及行为，探讨构建全员参与、全程参与、全方位育人的新体系和新路径，以推动人才培养和事业发展取得更多成果。

关键词：中外合作办学；人才培养；协同育人

　　"三全育人"机制在当前的教育体系中扮演着重要的角色。2017年12月，教育部印发了《高校思想政治工作质量提升工程实施纲要》，强调"坚持协同联动"，并提出"切实构建'十大'育人体系"，把破解高校思想政治工作不平衡不充分问题作为目标指向，着力构建一体化协同育人体系，打通高校育人"最后一公里"。② 中外合作办学项目作为一种新兴的教育模式，也在不断地吸引着越来越多的学生。在这样的背景下，思政教育的重要性也越发凸显。

---

　　* 本文系教育部首批新文科研究与改革实践项目"高水平商科人才培养的政产学研协同育人机制创新与实践探索"（项目编号：2021090017）阶段性成果。

　　① 杨奕，天津商业大学国际教育合作学院讲师。

　　② 顾昕昕.《高校思想政治工作质量提升工程实施纲要》规划"十大育人"体系［EB/OL］.（2017-12-06）. http://www.myzaker.com/article/5a27c85a1bc8e0d81f000000/.

一、中外合作办学项目中大学生思想政治教育的必要性

在工作实践中，如何发挥中外合作办学项目的办学优势，适应培养"国际型""复合型""创新型"人才的需求，是思政协同育人工作的重点任务。

（一）思想政治教育是"三全育人"科学内涵的理论要求

在 2018 年举行的全国教育大会上，习近平总书记强调，培养德智体美劳全面发展的社会主义建设者和接班人，加快推进教育现代化、建设教育强国、办好人民满意的教育。此外，他还强调，坚持把立德树人作为根本任务，坚持优先发展教育事业。

当今社会，教育的目标不仅是传授知识，更重要的是培养具有良好品质、健全人格和高度责任感的人才。因此，在回答"培养什么样的人、为谁培养人"这一教育的首要问题时，我们应该把握好"人才培养"这一最基本、最关键的职能，确保教育工作的出发点和落脚点都是立德树人。要关注学生的多方面的成长，努力提高学生的综合素质，使他们成为具备创新精神和实践能力的复合型人才。要牢牢抓住思政育人这一"生命红线"，坚持在引导学生"坚定理想信念、厚植爱国主义情怀、加强品德修养、增长知识见识、培养奋斗精神、增强综合素质"上下功夫。我们还要关注学生的个体差异，因材施教，激发学生的学习兴趣和潜能。要充分发挥教师的主导作用，关注学生的个性发展，引导学生根据自己的兴趣和特长选择适合自己的发展方向。同时，要加强课程改革，创新教育教学方法，提高教育教学质量，使学生在轻松愉快的学习氛围中茁壮成长。

（二）思想政治教育是中外合作办学模式的现实需要

由于中外合作办学双方的社会意识形态存在根本性的差别，导致对教育的目标和价值追求产生分歧。我国各高等学校进行国际化合作的目标，是汲

取合作学校的教育理念、教学方法，在促进国内外教育交流的同时，提高学生的国际视野和跨文化交流能力。这种合作也可以为学生提供更多的就业机会和增加学生的实践经验，增强他们的职业竞争力。最终目的是为国家培养具有复合型知识储备、创新型应用能力的合格建设者和接班人。而外方学校之所以愿意与我国高等学校进行教育合作，却是存在复杂的动机和原因，包括提升知名度、扩大影响力、获取经济利益以及传播它们的意识形态和文化、增强其渗透力等。①

这种合作模式带来的挑战，特别是在教学模式和语言要求等方面的差异，需要学生具备较强的自我学习和适应能力，以便有效地吸收新的知识和技能。全英文或半英文的教学环境可能对学生的英语水平提出较高要求，这不仅需要学生具备扎实的英语基础，还要他们有足够的动力和毅力去提高自己的语言能力。学生还会面临更大的学习压力，这是因为他们不仅需要应对来自传统教育系统的压力，还要应对来自跨文化环境的压力。因此，学生需要具备良好的心理素质和应对压力的能力。

在信息化时代，中外合作办学项目带来了不同社会意识形态的多种价值观和多元文化。学生可能会在更多元、更多层次的文化中感到不知所措，从而思想观念受到不同程度的影响。② 例如，一些外籍教师可能在课堂上讲述自己的国家和文化，或介绍一些国外的风俗习惯和社会现象，这些内容对学生来说既是一种新奇的体验，也可能引发他们对不同文化的好奇心和兴趣。然而，这种多元化的文化体验对于思维尚未成熟的学生来说，可能会带来一定困扰。有些外籍教师可能更注重培养学生的创造力和批判性思维能力，而忽视对基础知识的教育，或在评价学生的表现时，采用更为宽松和主观的方式。仍有个别教师因为对中国文化的不了解或误解，而在言行上表现出不尊重或歧视的态度。这种情况不仅会损害学生的自尊心和自信心，还可能让他们对外国文化产生负面的看法，甚至影响他们的学习效果。

① 谭晓华 . 中外合作办学模式下高校学生思想政治教育工作研究［J］. 教育教学论坛，2020（34）：27-28.

② 银春，熊聪聪，赵丛 . 中外合作办学中的思想政治教育问题浅析［J］. 国际公关，2019（3）：75-76.

（三）思想政治教育是合作办学学生发展的客观需求

高校中外合作办学项目学生与普通本专科学生相比，存在一些差异。在高考录取时，合作办学项目学生的平均分数低于同专业普通本专科学生。这导致在选择报考中外合作办学专业的动机方面，学生们各有所图，且在学习过程中缺乏足够的动力和积极性，在学习态度方面差异较大。例如，有些学生希望能够出国深造，并对此有着明确的目标和规划。这些学生通常具有较强的自律性和自我驱动力，他们在学习过程中会付出更多的努力，以期能够在国外的大学取得优异的成绩。他们不仅关注学术成绩，还积极参与各种课外活动，以丰富自己的人生阅历和拓展人际关系。有些学生的目的是获得一个大学文凭。他们可能对自己专业的兴趣不是很浓厚，但认为拿到一个国外大学的文凭可以提高自己的就业竞争力，这些学生在学习过程中可能会显得比较消极，只求能顺利完成课程并毕业。还有些学生只是为了体验大学生活，他们对专业没有太多的要求，不太关心自己的学术成绩。

此外，由于中外合作办学项目办学成本相对较高，收费标准也远高于普通本专科专业。这导致中外合作办学的学生在经济基础方面可能相对优越，拥有比普通本专科学生更优裕的生活和学习条件。然而，这也可能导致一些学生过于依赖家庭的经济支持，缺乏独立生活的能力，进而缺乏一些基本素质和品德教育，在适应人际交往和集体生活时产生问题。这些问题可能会影响学生在校期间的学习和生活，甚至对他们未来的职业发展产生不良影响。

二、"三全育人"机制下中外合作办学项目中思想政治教育面临的现实问题

在推进"三全育人"机制的过程中，特别是在形成思政协同育人格局方面，我们仍需关注以下问题：

（一）思政协同育人主体合力发挥不够

思想政治教育的组织者、发动者、实施者都是思想政治教育的主体。[①] 目前，以辅导员、班主任以及思想政治课教师为主的学生工作队伍在中外合作办学项目中扮演着举足轻重的角色。然而，学生工作人员并非是唯一参与协同育人的主体，其他如中方教辅人员、行政人员等尚未充分参与到协同育人的全局中来。这导致育人主体之间的衔接不够紧密，孤立脱节。这不仅影响了中外合作办学教育职能的有效发挥，还可能导致学生道德水平下降、思想观念偏颇等不良后果。这对于培养具有全球视野、具备创新精神和社会责任感的人才是不利的。特别是在一些中外合作办学项目中，仍然存在只关注教育教学质量，忽视学生思想政治教育的现象，过于关注出国留学、国内升学、行业就业等方面的指标，过分强调提高学生的学术成绩，而忽视了培养学生的思想品德，导致对学生思想政治教育工作的投入不足，思政教育的力量相对分散、缺乏活力。同时，相关评价和考核机制尚不健全，育人主体之间的职责边界和相互关系厘定不清，难以形成完整的体系和成熟的经验，无法形成一个良好的育人环境。这种现象不仅影响了学生的成长和发展，也制约着中外合作办学项目的长远发展。

（二）思想政治教育育人覆盖面不够

在大学生思想政治教育工作实践中，各行政、教学、后勤等部门和各种管理环节之间的协同合作尚不够紧密。这不仅影响了大学生的思想政治教育质量，也制约着学校整体的发展。在行政管理方面，各部门之间的信息沟通和资源共享尚不完善。例如，学生处与教务处、财务处等部门之间的协作不够密切，导致政策执行和资源分配出现问题。此外，各部门在制定政策和管理规定时，往往缺乏对其他部门的充分考虑，使政策实施过程中出现矛盾和冲突。在教学管理方面，教师队伍的建设是关键。目前，高校教师队伍中存在一定程度的人才断层现象，部分专业教师的政治觉悟和业务能力有待提高。此外，教学方法的创新和多样化也亟须进行改革和完善。在信息化时代，利

---

① 张耀灿. 现代政治教育学 ［M］. 北京：中国人民大学出版社，2006.

用互联网、大数据和新兴媒体等新技术开展网络育人已成为必然趋势。然而，我们也要看到，经费投入和人员保障力度还不够，不能实现线上资源与线下资源的有效整合，也无法满足学生的需求。

（三）思想政治教育过程持续性不够

从思想政治教育过程的角度来看，中外合作办学项目在教学模式和课程设置方面仍存在一些问题。这些问题主要表现在以下几个方面：第一，思想政治教育时间连续性不强，主要集中在大一、大二等低年级和每学期开学初期，且大多只利用校内资源。这导致学生在学校期间，对于思想政治教育的学习和实践机会有限，很难充分领会和理解思想政治教育的重要性。第二，由于中外合作办学项目的特性，很多课程是由外籍教师授课，这些外籍教师可能对我国的思想政治教育体系和文化背景了解不足，从而影响到学生的思想政治教育质量。第三，课堂教学和实践育人环节匹配不平衡，很多学校过于注重课堂教学，忽视了实践育人的重要性。只有通过实践，学生才能真正将所学知识运用到实际生活中，从而更好地理解和领会思想政治教育的内涵。第四，在当前激烈的竞争环境下，很多学生为了提高自己的竞争力，不得不投入大量的时间和精力在专业课程学习和各类考试上。这使他们很难有足够的时间、精力去关注和参与思想政治教育活动，从而影响育人成效。

（四）校园文化活动育人针对性不够

中外合作办学项目的学生，作为国际化教育的一部分，他们在校园文化活动的需求上有着特殊的期待。然而，许多中外合作办学项目在开展校园文化活动时，存在着一些问题。中外合作办学项目的特性决定了学生对于活动的国际化需求。他们不仅希望参与到具有中国特色的活动中，也希望能够参与到具有国际视野的活动中，如国际文化节、外语演讲比赛等。同时，缺乏新颖的活动形式和鲜明特色的内容也是影响中外合作办学项目校园文化活动吸引力的一个重要因素。传统的文化活动如歌唱比赛、舞蹈表演等虽然能够满足学生们的基本娱乐需求，但却很难激发他们的创新思维和探索欲望。中外合作办学项目中的学生更需要有针对性的校园文化活动。这些活动不仅需要具有高度的针对性和包容性，同时也需要具有新颖的活动形式和鲜明特色的内容，以及强烈的互动性，让学生在参与校园文化活动的过程中，更好地了解和融入学校文化，同时也能够在实践中提升他们的能力和素质。

三、中外合作办学项目思想政治教育的探索和实践

（一）立足学生，开展理想信念教育和价值引领教育

加强爱国主义理论学习，提高政治站位。采取党课、团课与自学相结合，线上和线下相结合的方式开展"读原著、学原文、悟原理"活动，系统学习《习近平谈治国理政》等习近平新时代中国特色社会主义思想系列著作。挖掘专业课程爱国主义元素，使爱国主义教育进课堂。根据学院不同专业特点，分别结合英语教学、专业实习实践等内容开展爱国主义教育。挖掘中国古今先进典型人物事迹，采取多种形式培育爱国主义情怀。宣讲与观看宣传片相结合，开展爱国主义精神的专题教育活动。利用各种新媒体宣传学生身边涌现出的先进人物事迹。针对申请出国留学的学生，特别要加强教育引导。通过集中教育、座谈会等形式，加强对爱国主义、安全意识以及心理健康等方面的教育，帮助学生在思想上、政治上、学习上更加严格要求自己，做好自我管理。同时，提供更多的学习资源和支持，以帮助学生更好地适应国外的学习环境。

（二）长效发展，加强思政协同育人主体队伍建设

除了思政课教师、辅导员等思政工作者之外，高校的专业课教师、班主任、教辅人员和行政人员也承担着学生思想政治教育工作的重要责任，他们同样是学生思想政治教育工作的组织者、实施者和指导者。为了发挥他们在思政协同育人中的主体作用，我们需要注重师德师风，培养高素质的育人主体团队，配强中外合作办学项目思政课教师、辅导员、班主任、专业课教师、教辅人员、行政人员等思政工作队伍。深入开展调查研究，了解青年教师的思想动态。针对青年教师的特点和需求，制定个性化的成长路径，提供丰富

的培训资源和学习机会，帮助他们快速成长为德才兼备的优秀教师。同时，定期对青年教师进行评估和指导，确保他们的成长方向与学校的发展目标保持一致。选拔优秀人才加入思政工作队伍，提高队伍整体素质。同时，建立健全思政工作队伍的培养机制，加强对思政工作者的培训和教育，提高其业务水平和职业能力。加强部门间的协作配合，形成各职能部门、全体教职工各司其职、各负其责、协调配合、全面推进的思政协同育人新局面，努力构建思政协同育人新格局。

（三）注重创新，加强第一课堂和第二课堂的联动谋划

探索第二课堂实践教学体系的进一步完善。通过社会实习实践基地，使专业学习和现实发展相融合，强化教学与实践的衔接，促进人才供需、人才培养、文化育人的"三个融合"。开展校园文化、兴趣发展、志愿服务、实习实训、社会调研等环节的相互促进和融合，特别是要重视校园文化活动的特色和针对性。要加强对中华优秀传统文化的传承与发扬，让学生在学习外语、了解国际知识的同时，不忘本国文化，增强民族自豪感和文化自信，感受中华民族的历史底蕴。要积极倡导开放包容的校园文化氛围，鼓励学生尊重不同文化、理解不同价值观，培养国际视野和跨文化沟通能力。要注重校园环境建设，打造具有特色的校园文化景观，营造温馨、和谐、有序的校园氛围。要加强德育工作，让学生成为校园文化建设的主力军，培养学生的道德品质和社会责任感。对于面向中外合作办学学生开展的活动，尤其要注意把中国优秀的传统文化和先进的西方文化有机地结合起来，形成一种中西融合的文化氛围，使学生能够更早地了解外国的文化，以便更好地适应国外的学习和生活。

四、结 语

在新时期中外合作办学模式下，学生思政教育是独特领域。为培养新时代合格社会主义建设者和接班人，需加强思想政治教育，培养爱国主义和社

会责任感，增强国际视野和跨文化交流能力。同时，挖掘思政教育资源，扩大队伍建设，夯实多元文化背景下的思想政治教育工作体系，以推进中外合作办学项目的发展。

参考文献

［1］张烁．习近平在全国高校思想政治工作会议上强调：把思想政治工作贯穿教育教学全过程　开创我国高等教育事业发展新局面［N］.人民日报，2016-12-09（01）.

［2］王倩．"三全育人"视角下辅导员育人工作路径探析［J］.智库时代，2019（46）：95-96.

［3］顾昕昕．《高校思想政治工作质量提升工程实施纲要》规划"十大育人"体系［EB/OL］.（2017-12-06）.http：//www.myzaker.com/article/5a27c85a1bc8e0d81f000000/.

［4］谭晓华．中外合作办学模式下高校学生思想政治教育工作研究［J］.教育教学论坛，2020（34）：27-28.

［5］银春，熊聪聪，赵丛．中外合作办学中的思想政治教育问题浅析［J］.国际公关，2019（3）：75-76.

［6］张耀灿．现代政治教育学［M］.北京：中国人民大学出版社，2006.

［7］胡刃锋，杨娇华，王伟．地方高校中外合作办学项目学生思想政治教育对策研究［J］.当代教育实践与教学研究，2020（11）：40-41+67.

［8］徐海英．中外合作办学项目学生管理工作探析［J］.中国电力教育，2013（16）：200-201.

案例篇

新文科建设背景下行政管理
专业政产学研协同育人的
实践探索与主要经验

——以天津商业大学为例*

薛立强①

摘要：以党的二十大关于教育、人才、科技一体化发展的决策部署和新文科建设为指导，结合专业定位和专业优势，天津商业大学行政管理专业近年来在新文科建设中大力推进政产学研协同育人。主要措施包括：实行校内不同学院之间的协同育人，创办智慧政务实验班；专业与政府协同育人，在政府部门建立多种类型的基地，并实行师资共建；专业与企业协同育人，在企业建立多个实习实践基地；专业与社区和社会组织协同育人，通过实习实践、研究课题等途径实现共建共享。取得的主要经验是：坚持开放式办学理念，大力推进政产学研协同育人；以专业建设为平台、政产学研协同育人为重要抓手，一体推进学科、专业、科研、师资、学生工作协同发展；坚持互利共赢，通过政产学研协同育人使各方都能获益。

关键词：新文科建设；行政管理专业；政产学研协同育人

中央高度重视高等教育中的政产学研合作问题。2015 年，国务院印发的

---

* 本文系教育部首批新文科研究与改革实践项目"高水平商科人才培养的政产学研协同育人机制创新与实践探索"（项目编号：2021090017）、天津市普通高等学校本科教学质量与教学改革研究计划项目"'新文科'建设背景下经管类人才培养模式创新与实践研究"（项目编号：A231006902）阶段性成果。

① 薛立强，天津商业大学公共管理学院教授，法学博士。

《国务院关于印发统筹推进世界一流大学和一流学科建设总体方案的通知》（国发〔2015〕64号）指出，完善政府、社会、学校相结合的共建机制，形成多元化投入、合力支持的格局。2016年，中共中央印发《关于深化人才发展体制机制改革的意见》，明确要求"建立产教融合、校企合作的技术技能人才培养模式"。2017年，国务院办公厅印发《国务院办公厅关于深化产教融合的若干意见》（国办发〔2017〕95号），提出深化产教融合的一系列政策措施。党的二十大为政产学研协同育人提供了新的指导。天津商业大学认真贯彻落实中央决策部署，在学校教育教学工作中大力推进产教融合、政产学研协同育人。天津商业大学行政管理专业前身为1993年设置的工商行政管理专业。1998年，教育部调整普通高校本科专业目录后，根据新的专业目录调整为行政管理专业。2006年，获批行政管理二级学科硕士学位授权点。2010年，获批公共管理一级学科硕士学位授权点。2017年，获批天津市重点建设学科。2021年，获批市级一流专业。截至2023年5月，行政管理专业共有16名专任教师，349名本科生。近年来，天津商业大学行政管理专业以新文科建设为背景和契机，结合专业定位和专业优势，大力推进政产学研协同育人工作，采取了一定的举措，取得了一定的经验。

一、天津商业大学行政管理专业定位、特色及优势

（一）专业定位

天津商业大学行政管理专业遵循培养具有高度社会责任感、深厚商学素养的复合型、应用型创新创业人才目标，依托公共管理一级学科，坚持以社会需求为导向，培养德智体美劳全面发展，系统掌握现代公共管理理论与方法，具有较强的组织、协调、沟通、写作能力，具备良好的公共精神和社会责任感，能够从事公共管理和公共组织内部管理与服务工作，特别是市场监管和营商环境建设的复合型应用人才。

在专业发展上，行政管理以课程建设为基石，以师资队伍建设和人才培养模式创新为支撑，着力打造"商学特色鲜明、专业优势显著、人才培养质量优异、服务国家和京津冀公共管理和社会治理成效突出"的一流专业。

（二）专业特色和优势

（1）专业特色。行政管理专业立足商科院校，凸显商科特色。具体而言，依托商科院校学科优势，秉承工商行政管理专业传统，面向公共管理和市场经济建设主战场，着力培养能够从事市场监管和营商环境建设工作的复合型应用人才。

（2）专业优势。第一，注重专业素质培养，突出沟通管理能力。根据本专业毕业生就业特点，专门设有管理沟通模块选修课，包括应用写作、演讲与口才、商务谈判、人际交往与沟通四门课，着力培养学生的管理沟通能力。第二，文工交叉融合，创新学科建设。基于现代信息技术在公共管理领域的广泛应用和新文科建设需要，与本校信息工程学院、理学院等合作创办了"智慧政务实验班"，旨在培养能够运用现代信息技术从事公共管理或党政机关、企事业单位内部行政管理工作的文工交叉复合型应用人才。

二、天津商业大学行政管理专业政产学研
协同育人的实践探索

根据教育部和市教委推进"四新"建设的有关精神，贯彻落实学校《天津商业大学关于"新工科、新医科、新农科、新文科"建设工作指导意见》（津商大校发〔2020〕35号）的要求，天津商业大学行政管理专业近年来在新文科建设中大力推进政产学研协同育人。

（一）校内不同学院之间协同育人，创办智慧政务实验班

为贯彻落实新文科建设有关要求，公共管理学院积极适应经济社会发展对具有数字治理能力的公共管理人才的需求，与校内信息工程学院合作创办

智慧政务实验班，实现校内不同学院之间的协同育人。具体而言，2019 年以来，在学院的领导下，经过多次调研和研讨，确定推出行政管理专业的一个班进行智慧政务实验班建设。在此基础上，经过和信息工程学院的对接，2020 年完成人才培养方案的修订，获得了学校的同意。2021 年开始招收第一届学生。在课程设置上，该班删除了一些与学校办学定位相关性不大的课程，在行政管理专业基础课、必修课的基础上，开设办公软件高级应用、大数据理论与应用、人工智能导论、物联网工程、云计算与分布式计算等必修课，智慧城市治理、大数据与公共管理、信息安全概论等选修课，着力培养学生的现代信息技术和大数据素养与技能。新开的课程由公共管理学院、信息工程学院的优秀教师承担，实现学校内部不同学院之间的协同育人。该班创办以来运行良好，深受学生的欢迎，在近几年的大类分专业中都能吸引到相当数量公共管理类中排名靠前的学生。

（二）专业与政府协同育人，在政府部门建立多种类型的基地，并实行师资共建

行政管理专业的性质决定了其与政府部门之间有着较为密切的关系。在多年来的办学过程中，行政管理专业注重与政府部门之间的沟通合作、协同育人。这主要体现在以下两个方面：

第一，与政府部门共建多种类型的基地。与天津市津南区政府、天津市统计局、天津市红桥区质量技术监督局、天津市红桥区邵公庄街道办事处等不同层级的多个政府部门建立产学研基地、思政育人基地、实习实践基地等不同类型的基地，并在多年的建设过程中取得了较好的共建效果（见表1）。

表1 公共管理学院行政管理专业在政府部门建立的各类基地

基地类型	共建单位	共建效果
产学研基地	天津市津南区人民政府	支撑市级一流专业建设和多项大创项目，进行 2 项课题研究
实习实践基地	天津市统计局社情民意调查中心	支撑多个大创项目，多名本科生到该单位实习
思政育人基地	天津市行政管理学会	支撑 1 门课程建设，进行 4 项课题研究，多名本科生到该单位实习

续表

基地类型	共建单位	共建效果
实习实践基地	天津市北辰区统计局	支撑1门课程建设，多名研究生和本科生到该单位实习
产学研基地	天津市红桥区质量技术监督局	支撑1门课程建设和多项大创项目，进行3项课题研究
思政育人基地	中共红桥区委组织部	支撑1门课程建设，进行2项课题研究，多名本科生到该单位实习
实习实践基地	天津市蓟州区东施古镇人民政府	支撑多个大创项目，多名本科生到该单位实习
实习实践基地	天津市红桥区邵公庄街道办事处	支撑多个大创项目，多名本科生到该单位实习
实习实践基地	天津市红桥区双环邨街道办事处	支撑多个大创项目，多名本科生到该单位实习

第二，通过"派出请进"等途径，与相关政府部门进行师资共建。在学科发展和专业建设中，行政管理专业注重创造条件，支持老师们加深对行政管理实践的了解。行政管理专业现有16名专任教师中，10名教师曾分别在天津市市场和质量监督管理委员会（之前为天津市工商行政管理局）、天津市信访办、天津市国土资源与房屋管理局、河西区信访办、北辰区信访办、红桥区人力资源和社会保障局等党政机关进行半年以上的挂职锻炼。通过挂职锻炼，使没有从事过行政管理实践的老师对行政管理实践活动有了较深的理解，很大程度上促进了相关科研、教学活动的开展。同时，行政管理专业也注重从行政管理实践部门邀请有经验的"专家型领导"作为兼职教师，通过做讲座和参与授课等形式，加深老师和学生对专业知识的理解与掌握。例如，行政管理专业曾从天津市政法委、天津市国土资源与房屋管理局、天津市市场和质量监督管理委员会、津南区政府、红桥区邵公庄街道办事处、双环邨街道办事处等政府部门邀请多位专家领导为本专业老师和学生做讲座。

（三）专业与企业协同育人，在企业建立多个实习实践基地

在多年的专业建设过程中，天津商业大学行政管理专业秉持"大行政"的理念，认为行政管理人才不仅是政府部门所需要的，也是企业做好内部行

政管理所必需的。同时，从多年来的就业情况看，行政管理专业的多数学生被各种类型的企业所招录，进入企业从事相关的行政工作。基于这样一种理念以及学生就业的实际情况，行政管理专业在建设过程中非常注重与企业协同育人，在企业建立多个实习实践基地（见表2）。通过在企业建立实习实践基地并选派学生积极参加实习，拓宽了师生的视野，扩展了学生的就业渠道。

表2　公共管理学院行政管理专业在企业建立的实习实践基地（部分）

基地名称	建立时间	基地名称	建立时间
天津劝业家乐福超市有限公司河东商场	2005年10月25日	美联（天津）国际贸易有限公司	2005年11月1日
天津美伦医药集团	2005年11月1日	天津中糖华丰实业有限公司	2007年11月12日
山西聚信房地产估价有限公司	2009年2月6日	北京中装华港建筑科技展览有限公司	2010年1月1日
天津正信集团有限公司	2010年12月1日	山西明信立业会展服务有限公司	2011年11月26日
北京大安展示设计有限公司	2011年12月3日	天津怡生乐居广告有限公司	2012年2月27日
广州外展贸易有限公司	2012年7月1日	天津国展中心股份有限公司	2012年10月1日
华为海洋网络科技有限公司	2013年5月1日	都赛（上海）企业咨询有限公司	2013年9月23日
中国大地财产保险股份有限公司天津分公司	2015年4月29日	北京中昌工程咨询有限公司青岛分公司	2015年8月1日
天津屈臣氏个人用品商店有限公司	2015年10月15日	北京优联信驰文化发展有限公司	2015年12月29日
天津棉三创意企业管理服务有限公司	2016年10月15日	天津滨海创智科技咨询有限公司	2017年10月17日
津政汇土（天津）建设工程监理有限公司	2018年4月11日	优舍（天津）信息科技有限公司	2018年10月25日

续表

基地名称	建立时间	基地名称	建立时间
点意空间（天津）展览展示有限责任公司	2020 年 5 月 29 日	天津易居金岳房地产经纪有限公司	2018 年 9 月 17 日
天津品所商业管理有限公司	2021 年 6 月 19 日	中移铁通有限公司天津分公司	2021 年 7 月 10 日
建信财产保险有限公司天津分公司	2021 年 9 月 23 日	河北拓程长悦投资有限公司	2021 年 10 月 28 日

（四）专业与社区和社会组织协同育人，通过实习实践、研究课题等途径实现共建共享

作为立足天津地方高校的公共管理类专业，天津商业大学行政管理专业坚持眼睛向下，高度重视与天津本地社区和社会组织合作，通过实习实践、研究课题等途径实现共建共享。首先，在学生实习实践方面，在天津市北辰区瑞景街宝翠花都社区、天津市北辰区青光镇韩家墅村等基层社区，以及天津市房地产商会、天津市创意产业协会、天津市创业孵化协会等社会组织建立实习实践基地，通过选派学生定期开展实习实践活动促进学生对基层社区、非营利社会组织等的对外公共管理和内部事务管理的认知，增长学生的专业知识。其次，鼓励教师积极进行与基层社区、社会组织相关的课题研究。在这方面，2020 年以来学院教师承担了诸如"青年发展型城市建设背景下天津市青年基本住房需求保障研究""政府数据开放背景下公民的数字素养提升路径研究""《天津市文明行为促进条例》有关热点问题分析与对策研究""社会组织参与社会治理的作用方式研究""社区公共设施需求状况分析研究""天津市居住区停车泊位共享问题研究""社会组织（企业）CIS 战略研究分析""京津冀科技创新政策协同机制研究"等多项相关横向课题。这些研究一方面为相关基层社区和社会组织提供了智力支持，另一方面也促进了教师科研能力的提升。

三、天津商业大学行政管理专业推进
政产学研协同育人的主要经验

在多年的专业建设和发展过程中，天津商业大学行政管理专业大力推进政产学研协同育人，在这方面进行了一定的探索，形成了一些经验。

（一）坚持开放式办学理念，大力推进政产学研协同育人

开放式办学是现代高等教育发展的必然要求。一方面，"高校不仅要服务于校园内的受教育者，更要主动向社会开放，努力创建校园资源与社会共享的平台，让学校优秀的教学科研资源得到最大程度的发挥和利用"①。另一方面，实行开放式办学，引进校外各类资源，也可以开阔高校师生视野，使高校的教育教学和理论研究能够跟上实践发展的需要。作为公共管理类的专业之一，行政管理专业与实践有着紧密关系。行政管理学科和专业建设，以及教学科研等工作，必须了解实践、面向实践。基于这些，天津商业大学的行政管理专业多年来一直秉持开放式办学的理念，既鼓励老师和学生积极走出去了解政府部门的公共行政管理实践，了解企业、基层社区、社会组织等开展的内部行政管理和对外公共管理，又积极引进政府部门、企业、基层社区、社会组织资源，丰富相关的课堂教学和科学研究。通过这样的政产学研协同育人，有效地推进了行政管理专业建设。

（二）以专业建设为平台，以政产学研协同育人为重要抓手，一体推进学科、专业、科研、师资、学生工作协同发展

一个专业的专业建设、学科建设、科研工作、师资建设、学生工作等是一个整体，相关的工作应统筹谋划，协调推进。在这一过程中，天津商业大

---

① 杨鑫. 基于一流专业下的开放式办学模式的研究与探索——以淮南师范学院为例 [J]. 产业创新研究，2019（9）：108-109.

学行政管理专业的一个重要经验是，以专业建设为平台，一体推进学科、专业、科研、师资、学生工作的政产学研协同育人。首先，专业建设既是政产学研协同育人的出发点和落脚点，又是政产学研协同育人的载体和平台。政产学研协同育人的目标是更好地进行人才培养，而人才培养又是通过专业教育来进行的。因此，专业建设应是人才培养的根本性建设，政产学研工作应围绕专业建设展开。在这一点上，天津商业大学行政管理专业有着清醒的认识，始终将专业建设作为政产学研协同育人的载体和平台，以专业建设的需求（如师资配备、课程建设、基层教学组织建设等方面的需求）作为出发点，有目标地开展政产学研协同育人。同时，又以专业建设的效果作为落脚点，检验政产学研协同育人的效果。其次，以政产学研协同育人为重要抓手，一体推进学科、专业、科研、师资、学生工作。学科、专业、科研、师资、学生工作等都可以参与到政产学研协同育人中来，通过参与政产学研协同育人，课程可以更为生动，科研可以找到突破口，师资可以得到锻炼，学生可以获得成长，从而推动学科和专业建设。天津商业大学行政管理专业正是深刻认识到这样的相互促进关系，从而采取多种措施大力推进政产学研协同育人。

（三）坚持互利共赢，通过政产学研协同育人使各方都能获益

政产学研协同育人是一个多方的合作平台和合作过程。合作的一个基本原则就是互利共赢，让合作的各方都能在合作中获益，否则合作难以持久。在推进政产学研协同育人过程中，行政管理专业十分注意这一点，旨在让合作的相关方能够获得应有的收益，以保持合作能够长久进行下去。例如，通过与校内其他学院合作创办"智慧政务实验班"，不仅提升了行政管理专业的办学效果，也为信息工程学院相关专业的发展和相关教师的职业成长提供了新的平台。在与政府部门的合作中，行政管理专业积极推荐相关教师到政府部门挂职，积极推荐将来有意在公共部门工作的学生到政府部门实习，这在很大程度上解决了政府部门一定时期人力资源不足的问题，获得政府部门的认可。在与企业合作过程中，通过招聘和推荐等方式为企业提供合适的实习生，一些实习生留在了企业并且得到较好的发展。在与基层社区和社会组织合作中，行政管理专业不仅注意配备优秀教师和优秀学生参与社区和社会

组织的公共服务及内部管理，而且注意为社区及社会组织理顺服务和管理流程、提升服务和管理效果提供智力支持，得到相关合作方的好评。

总之，经过多年探索，天津商业大学行政管理专业在政产学研协同育人方面取得了一定成绩，得到了一定经验。这已经成为专业建设的宝贵财富，有力支撑了专业特色和优势。将来，行政管理专业还会积极探索政产学研协同育人的新途径、新方式，进一步提升政产学研协同育人的效果。

政产学研协同育人模式下高水平商科课程的建设路径与实践探索

——以会计学为例[*]

王存峰[①]　白　默[②]

摘要：政产学研协同育人作为高水平商科人才培养的有效模式，其实施难点之一在于如何落实到专业课程建设之中。本文以会计学课程为例，在重述课程建设层面政产学研协同育人作用关系的基础上，提出了一条"学为核心、政学融合、产学互动、研学相长"的建设思路。即以"课程思政"促进"政学融合"、以"实践平台、双创项目、师资团队"引导"产学互动"、以"论文研读、学科竞赛"推动"研学相长"，从教学、教材、教师、实践四个方面将"政产研"融入到课程"教与学"之中，实现政产学研协同育人机制在专业课程建设层面有效落地，为高水平商科人才培养奠定扎实基础。

关键词：课程建设；人才培养；商科专业；政产学研协同育人

课程是本科人才培养的基本单元，高水平专业课程建设将为高质量人才培养奠定坚实基础。政产学研协同育人作为一种全方位的人才培养机制，需要解决的一个关键问题是如何将其有效落实到专业课程中，为建设高水平专业课程开辟新方向。基于此，本文将以商科专业的学科基础课程会计学为例，在解析课程"教与学"相关环节的基础上，构建出政产学研协同育人机制在商科专业课程建设中有效落地的框架和思路。

---

　*　本文系教育部首批新文科研究与改革实践项目"高水平商科人才培养的政产学研协同育人机制创新与实践探索"（项目编号：2021090017）阶段性成果。
　①　王存峰，天津商业大学会计学院讲师，管理学博士。
　②　白默，天津商业大学会计学院教授，管理学博士。

一、课程建设中的政产学研协同育人问题

通常，政产学研协同育人机制是指政府、企业、学校、研究机构四方共同参与人才培养。显然，这一协同育人机制既可以体现在学校层面的整体学科群规划中，也可以作用于院系层面的单一学科专业建设中，更可以蕴含于最基本的育人单元——课程建设中。不同育人层面需要解决的育人问题不同，政产学研四方在其中参与的深度、发挥的作用也有所差异。如图1所示，就课程建设而言，在四方育人过程中，发挥核心作用的仍然是"教与学"，"政产研"三方则主要是基于自身特点提供课程建设所需的优势资源。

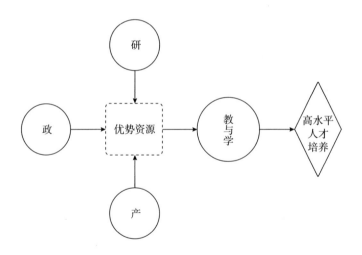

图1 政产学研在课程建设中的作用关系

资料来源：笔者自绘。

换言之，在课程建设层面，政产学研协同育人机制被具象化为一系列可操作的关键问题：如何识别"政产研"三方所提供的优势资源，如何将这些优势资源转化为课程建设所需要的教学内容、教辅工具、教学技术或实践平台，如何将这些内容、工具、技术与平台有效整合到"教与学"的过程之

中，在专业课程建设基本层面有效形成"教学相长"的系统架构，为实现高水平商科人才培养目标奠定扎实的课程基础。

二、商科专业课程中的"政产学研协同育人"思路与框架

针对课程建设中的政产学研协同育人问题，会计学课程团队基于自身实践，提出一条以课程目标为导向，以教与学为主体，实现政学、产学、研学相融的建设框架。具体思路为：明确"政产学研、学为核心"的基本原则，分析会计学课程目标导向下的"教与学"核心内容及环节，积极探寻"教与学"核心内容及环节与"政产研"优势资源之间的相关性及契合点，包括将课程思政作为"政学融合、协同育人"的契合点，将实践平台、"双创"项目、师资团队作为"产学互动、协同育人"的纽带，将论文研读、学科竞赛作为"研学相长、协同育人"的具体抓手，从教学、教材、教师、实践活动四个层面建设高水平商科课程。具体如图 2 所示。

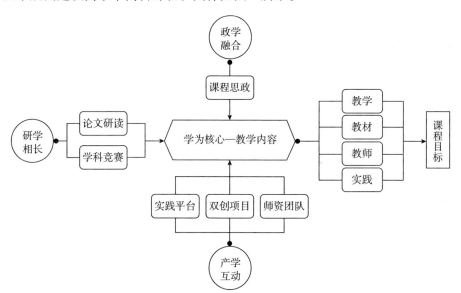

图 2 会计学课程中政产学研协同育人的建设思路

资料来源：笔者自绘。

三、会计学课程中的政产学研
协同育人建设实践

(一) 以"课程思政建设"引导专业课程"政学融合"

专业课程中的"政学融合"要求从专业视角识别政府政策、政治理论以及政治导向中所蕴含的潜在资源,将这些资源应用于课程教与学之中,实现专业课程更好地服务于专业人才培养的目标。专业人才培养在加强知识传授和能力培养的同时,更加重视对学生的价值引领。价值引领的核心任务在于帮助学生树立良好的人生观、价值观和世界观,即"三观"教育。三观教育在专业课程层面主要体现为课程思政内容。专业课程中的"三观"教育不能生拉硬扯、照本宣科式地宣教,而应润物无声般地融合到专业知识传授过程中①。即专业课程中的思政内容应该与专业知识相互契合、相辅相成,并内嵌于课程专业知识体系中,形成有机整体。

政府政策、政治理论以及政治导向构成专业课程思政内容建设的巨大宝库,一方面政府政策和政治理论为课程思政建设直接提供了丰富的思政资源;另一方面政治理论导向也为专业课程从专业理论视角挖掘有针对性的课程思政内容指明了方向。例如,习近平总书记一直以来都非常重视中华文明和中华优秀传统文化对价值观塑造的作用,指出"中华文明绵延数千年,有其独特的价值体系。中华优秀传统文化已经成为中华民族的基因,植根在中国人内心,潜移默化影响着中国人的思想方式和行为方式。今天,我们提倡和弘扬社会主义核心价值观,必须从中汲取丰富营养,否则就不会有生命力和影响力"②。会计学是一门既古老又年轻的学科,"古老"是因为其产生于原始社会结绳记事式的经济活动,"年轻"则在于它随着信息技术的发展而在不

---

① 汪猛. 思政元素如何体现在财务会计课程教学实践中?[J]. 商业会计, 2020 (9): 117-119.
② 习近平. 青年要自觉践行社会主义核心价值观——在北京大学师生座谈会上的讲话[EB/OL]. 人民网. (2014-05-04). https://edu.people.com.cn/n/2014/0505/c1053-24973276.html.

断更新与变革。历史悠远且未曾间断的中华文明与中华优秀传统文化中蕴藏着海量的中华会计文化资源①。显然，从中华文明与中华优秀传统文化中挖掘优秀的中华会计文化，将是会计学专业课程开展思政建设的一个重要方向。

（1）专业课程思政建设面临的困境。课程思政的本质就是立德树人，是育人与育才的有机统一。在实践中，专业课程思政建设面临思政内容与专业知识相脱节的困境②。摆脱困境的一个办法是以专业思政为引领设计课程思政内容的架构。专业思政是专业人才培养的核心目标和方向，只有明确专业思政，每一门课程的课程思政才有凝练和聚焦的方向③。会计学在课程思政建设过程中，通过从"政学融合"视角解构专业思政目标，将专业思政目标与会计学的角色定位及内容特点相结合，从价值引领、能力培养、知识传授三个角度建立起一条"政学融合"的"会计理论+思政教育"模式。

（2）会计学课程的角色定位。会计学属于天津商业大学较早开设的课程，曾获学校精品课程、特色课程等荣誉，是经管类专业学生必修的专业基础课程，同时也是统计学、法学等专业学生必修或选修的课程。每年学习会计学课程的学生将近2440人，为学校实现培养复合型、应用型、创新型人才目标做出了突出贡献。例如，2021~2022学年第二学期，来自药事管理、工程管理、会计学等专业的1220名本科学生必修学习了会计学课程；2022~2023学年第一学期，财政学、酒店管理、经济学、金融学等专业的1122名本科学生必修学习了本课程。

（3）课程"政学融合"中的价值引领作用。会计是对经济运行及财务状况的数字化和具象化，国家建设与党的建设离不开经济建设和财政建设，因此在党和国家的建设历程中也必然会涌现出无数具有巨大价值的财务与会计理论、观点。中国现代会计理论不只源于西方财务会计科学，而且与古老的中华文明、党和国家的建设历程息息相关。将党和国家建设过程中所涌现出的相关会计理论及文献融入到会计学课程的教学当中，使思想政治引领与会

---

① 郭道扬，谭超.《中国会计通史》导论［J］. 会计与经济研究，2022，36（1）：3-26.

② 柳廷俊，刘国城，庞超. 会计学课程思政与思政课程协同育人教学团队建设的困境与出路［J］. 财会通讯，2022（18）：50-55.

③ 董必荣. 论课程思政的建设思路与落地路径——以"会计学"课程为例［J］. 财会通讯，2022（14）：20-23.

计学专业知识学习相结合，可以从会计理论学习与职业道德培养角度帮助当代大学本科生树立正确的思想政治观念和价值观、人生观、世界观，同时也有助于增强大学生的文化自信、制度自信、理论自信和道路自信。

（4）课程"政学融合"中的能力培养作用。将党和国家建设历程中所涌现的与会计相关的无价瑰宝融入到当代大学生的会计专业知识课堂教学之中，并清晰地解读二者之间的结合点及历史沿革，使学生不仅了解当代财务会计的理论知识，而且明白了这些理论知识是如何因为党和国家的经济建设与财务建设需求而演变发展、凝练升华的。简言之，这一教学模式将一方面有助于培养学生的逻辑思维能力，另一方面也有助于培养学生运用会计知识解决现实问题的能力，同时还有助于培养学生从经济建设和社会实践中提升凝练财务会计理论的能力。

（5）课程"政学融合"中的知识传授作用。学习会计知识应以了解会计的产生及其发展历程为起点。以史为镜，可知会计之兴替，传承会计之文明，理解会计之现状，创造会计之辉煌。通过"案例实例导入+课堂讲授+雨课堂测验"的方式，提高学生的参与程度，帮助学生理解会计学的特点。引入我国经济与会计发展的资料，通过规划课程设计、案例解析的授课方式，挖掘会计学课程中的思政元素的切入点，帮助学生深刻理解：中国特色社会主义进入新时代，以习近平同志为核心的党中央深刻把握马克思主义发展规律，坚持解放思想和实事求是相统一、培元固本和守正创新相统一，坚持把马克思主义基本原理同中国具体实际相结合、同中华优秀传统文化相结合，科学回答中国之问、世界之问、人民之问、时代之问，创立了习近平新时代中国特色社会主义思想，开辟了马克思主义中国化、时代化新境界。将思想政治教育内容与会计学课程内容进行融合。实现传授知识和提高素质教育并重，形成融爱国情怀、民族自豪感和专业能力培养为一体的会计学教学特点。

总之，基于"政学融合"的课程思政建设，有助于从专业理论视角识别政策与政治理论中的思政资源，使之能够内化于课程教与学之中，实现思政内容与专业理论的有效契合。

（二）以"实践平台、双创项目、师资队伍"引导课程"产学互动"

（1）"产学互动"在专业课程建设中的意义。"产学互动"意味着专业课程建设不能脱离产业、行业及企业的实务现状。这一方面要求专业课程从专业视角挖掘产业、行业与企业的实务发展及现状中所蕴含的新知识、新技术等优势资源，将其补充完善到专业课程已有的理论知识及实践内容之中，实现专业课程理论与实践内容的持续更新。另一方面通过专业课程在教与学过程中对先进知识与技术的推广传播，帮助产业与行业从整体层面不断发展。换言之，"产学良性互动"是产业发展和课程教学的必然需求。会计学是一门理论与实务并重的应用型学科。高水平会计专业人才不仅需要全面掌握与会计专业相关的理论知识、技术和方法，更需要具备运用这些专业知识、技术、方法分析解决现实复杂经济活动及经济问题的能力。因此，"产学互动"也是高水平会计人才培养的内在要求。就专业课程建设而言，"产学互动"的人才培养模式要求在课程内容及授课形式上坚持理论与实践并重的原则，强调课程"教与学"过程中对学生理论水平和实践能力的双重培养。会计学课程作为会计专业的基础课程，非常重视"产学互动"在课程建设中的作用，并着力从"实践平台、双创项目和师资队伍"三个方面开展"产学良性互动"的专业课程建设。

（2）以实践活动及平台助推课程建设"产学互动"。会计学是一门实务与理论并重的学科，从艺术的角度看，它将千变万化的经济活动转化为了统一的"商业语言"，进而促进了经济与商业活动的发生。会计实务（即账务处理）离不开经济活动。由于经济活动存在复杂多样性，所以会计理论与实务从表面上看也会呈现出纷繁复杂、枯燥无味、晦涩难懂的特点。尽管会计学课程只是一门专业基础课程，主要讲授与会计相关的基本理论、基本技术和基本方法，然而其授课对象多为零基础的会计初学者，因此学生在学习过程中也会面临同样困境，而"产学互动"则为摆脱这一困境提供了有效方案。一方面，会计学课程的基本理论、基本技术和基本方法需要通过实践活动方能被真正理解和熟练运用。另一方面，通过总结纷繁复杂的实务处理背后的会计规律，并与基本理论、基本技术、基本方法联系在一起，将有助于学生更深刻地理解并牢记这些会计实践与实务活动。

在专业课程建设过程中，会计学主要开展了两项"产学互动"活动：一是根据"产学"相关性重构章节内容，识别偏重理论或偏重实践的内容，并针对偏重实践的内容，从本源上解析那些复杂会计实务处理背后的普遍规律，增进学生对产业实践活动、会计实务处理与会计理论之间关系的理解。例如，通过在"第四章 复式记账"中解析会计分录与价值运动之间的内在联系，并将这一内在联系运用于"第七章 制造企业主要经济业务的核算"中，绘制出"基于会计科目的价值运动图"（见图3），帮助学生有效地增进了对经济业务及会计核算实务背后普遍会计理论的理解。二是充分利用校企合作的实习实践基地，构建起课程"产学互动"所需的实践平台。实务学习离不开实践活动。会计学课程充分利用院系在会计师事务所、企事业单位等产业界建立的实习实践平台，以课外作业形式积极开展学习实践活动，帮助学生建立对会计实务实践工作的感性认知。

（3）以"双创项目"引领课程建设"产学互动"。创新创业能力是商科人才培养目标之一。专业课程通常都有自己的独特知识体系和能力架构，而这些知识体系和能力结构可以从专业视角改善学生的创新创业能力。因此，从创新创业视角重塑这些专业知识和能力，帮助学生做好创新创业项目，这将是专业课程中"产学互动"的一个突破口。会计学虽然是一门学科基础课程，但是它不仅完整讲授了会计学科的理论框架，还完整展示了企业价值运动在会计视角下的过程，即会计实务过程。"完整理论框架+完整实务过程"，再辅之以一定实践活动，将为学生开展创新创业活动奠定坚实的会计专业知识及能力基础。"双创项目"引领的"产学互动"可采用"模拟经营"形式。即学生以现实企业为对象，在课外收集行业发展状况、企业经营范围、收入、成本、利润等资料，重建企业主要经济业务并"模拟经营"，然后根据所学会计理论对模拟经营期间的经济业务进行会计处理并报告相关财务信息。"模拟经营"式的"产学互动"，一方面提升了学生的创新创业能力，另一方面也增强了学生对会计核算与经济活动之间关系的理解。

（4）融合"产学互动"的课程教学团队建设。一流的课程离不开高水平的课程教学团队。课程建设层面"产学互动"要求专业课程的教学团队不仅具备扎实的专业知识，而且要熟悉产业技术发展动态及现状。会计学是一门与信息技术密切相关的学科，"大智移云物区"等新兴技术的发展，要求会计学专业人才培养进行智能化转型升级。借此契机，会计学课程教学团队一方面学习相关知识，另一方面与实体产业界积极开展教学研讨、教材编写、教学平台开发等"产学互动"活动。这些"产学互动"活动，一方面将"大

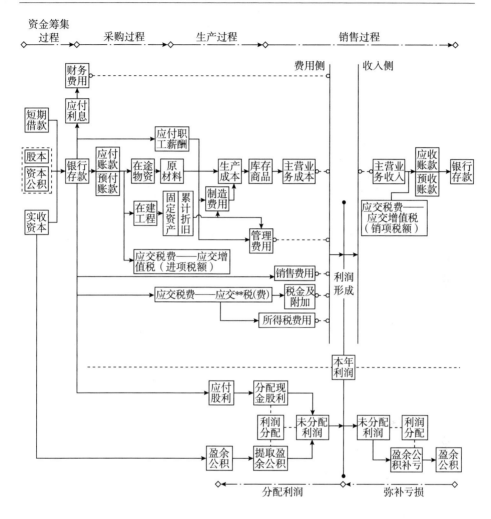

图3　会计学课程中的"基于会计科目的价值运动图"

资料来源：笔者自绘。

智移云物区"等新兴技术融入到了课程知识架构之中，另一方面也增进了课程教学团队对新兴技术和产业发展的熟悉度。

（三）以"论文研读、学科竞赛"推动专业课程"研学相长"

"研学相长"要求高水平商科专业人才不仅要熟练掌握专业理论知识，而且要具备一定的学术研究能力。就专业课程建设而言，这也就意味着需要将研究能力培养与专业知识学习贯穿于专业课程的"教与学"全过程。"研读论文"和"引导学生积极参加学科竞赛"成为专业课程"研学相长"的两个有效手段。

（1）以"论文研读"助推课程"研学相长"。"论文研读"需要"因课制宜"，即不同专业课程需要筛选与学生、课程相适宜的论文进行研读。研读可采用分组课外研读、阶段性课内研讨的方式。会计学作为学科基础课程，是财会专业学生接触的第一门专业课程，因此课程所选的论文主要是难度不大且与课程内容相关的经典论文、综述论文以及会计思想与会计史方面的论文。通过论文研读，一方面使学生更加熟悉会计的历史渊源及核心思想，提升学生的科学素养和专业学习兴趣。另一方面也使学生接触到会计学术的发展动态及研究现状，激发学生的研究兴趣与能力。即通过"论文研读"有效实现了专业课程的"研学相长"。

（2）以"学科竞赛"激发课程"研学相长"。"学科竞赛"要求学生具备扎实的专业知识和较强的研究能力，鼓励参加"学科竞赛"可以有效激发师生在专业课程中开展研学活动的动力和积极性。会计学在课程建设过程中，通过积极鼓励课程教学团队指导学生参加"互联网+创新创业大赛"、财会技能大赛等竞赛活动，实现"以赛促学、以赛促教、以赛促研，研学教赛相成相长"的良好局面。

综上所述，会计学在课程建设实践中，秉承"学为核心、政学融合、产学互动、研学相长"理念，通过以"思政建设"促进"政学融合"、以"实践平台、双创项目、师资团队"引导"产学互动"、以"论文研读、学科竞赛"推动"研学相长"，实现"政产研"在教学、教材、教师和实践四个层面融合进"教与学"之中，确保政产学研协同育人机制在专业课程建设层面有效落地，为高水平商科人才培养奠定扎实基础。

基于"五个对接"的政产学研协同育人体系探索与实践

——以招商引资人才培养为例*

王艳芝[①]

摘要：人才培养模式创新是"四新"建设背景下高等教育发展的强大动力，政产学研协同育人模式是培养高水平商科人才的有效模式。本文首先解析政产学研协同育人与高水平商科人才培养的内在耦合机理；其次梳理政产学研协同育人模式的构建策略；最后以招商引资人才培养实践为例，从人才培养方案、师资队伍、专业课程建设、实践教学、人才培养质量评价五个方面，探索政产学研协同育人体系与实现路径。

关键词：新文科；高水平商科人才；政产学研协同育人；招商引资

高等教育是兴国强国的"战略重器"，服务国家经济社会的高质量发展，从根本上要求高等教育能够实现创新发展[②]。《国家中长期教育改革和发展规划纲要（2010—2020 年）》中明确提出，要把改革创新作为教育发展的强大动力，创立高校与科研院所、行业企业联合培养人才的新机制[③]。传统以高

---

* 本文系教育部首批新文科研究与改革实践项目"高水平商科人才培养的政产学研协同育人机制创新与实践探索"（项目编号：2021090017）、天津市普通高等学校本科教学质量与教学改革研究计划项目"'新文科'建设背景下经管类人才培养模式创新与实践研究"（项目编号：A231006902）阶段性成果。

① 王艳芝，天津商业大学管理学院副教授，管理学博士。

② 吴岩. 积势蓄势谋势 识变应变求变——全面推进新文科建设 [J]. 新文科教育研究，2021（1）：5–11+141.

③ 吴会阁，曹秀玲，张江伟."新工科"背景下校企协同育人模式探索——以河北地质大学土木工程学科为例 [J]. 河北开放大学学报，2023，28（2）：64–67.

校作为单一育人主体的人才培养模式存在课程设置与企业社会需求对接不充分、实践教学资源不足等问题①，难以适应"四新"建设背景下高质量创新人才培养的新要求。政产学研多主体协同育人模式能够发挥各方优势，更好对接行业企业需求，是培养知识交叉、能力复合、具有创新创业精神的高水平商科人才的有效模式。本文以天津商业大学招商引资人才培养为例，研究政产学研协同育人模式构建策略与实践探索。

一、政产学研协同育人与高水平商科人才培养的内在耦合机理

（一）新文科建设与商科人才培养新要求

作为引领中国高等教育改革创新的标志性、引领性战略，"四新"建设是从教育思想、发展理念、质量标准、技术方法、培养方式等方面对高等教育进行的全方位改革②。推进"新文科"建设，重点是推动交叉融合和创新发展③。交叉融合要求打破传统学科专业壁垒，实现与现代信息技术、其他学科专业的融合。创新发展更重要的是人才培养模式的创新，坚持遵循规律、协同育人、模式多元的原则，目标是培养适应新时代要求的应用型、复合型新文科人才。新文科建设对商科人才培养提出了新的要求，新文科背景下的新商科人才要求具有交叉知识背景、创新思维和创新创业能力，能够主动迎接技术革命和产业变革，能够适应经济社会发展需求解决复杂问题。因此，如何创新商科人才培养模式，构建满足新商科人才需求的交叉学科知识体系，深化产教融合，培养学生的创新思维和创新创业素质能力，是高水平商科人才培养面临的新课题。

① 何登录，蒋琳琼."政行校企"协同育人有效实施探讨［J］.黑龙江教育（理论与实践），2023（6）：39-42.
② 吴岩.深化"四新"建设走好人才自主培养之路［J］.重庆高教研究，2022，10（3）：3-13.
③ 吴岩.积势蓄势谋势 识变应变求变——全面推进新文科建设［J］.新文科教育研究，2021（1）：5-11+141.

（二）政产学研协同育人与高水平商科人才培养的内在耦合机理

政产学研协同育人与高水平商科人才培养耦合是指在人才培养中，政府、企业、高校和科研机构发挥各自的比较优势，通过分工合作实现人才培养整合效益的过程。各育人主体秉持资源共享、优势互补、价值共创、风险共担的合作原则，根据自身优势和利益关切差异，在耦合过程中扮演不同角色（见图1）。其中，地方政府主要发挥引导、激励和监督作用，通过制定相关的政策法规对教育教学进行规划、引导和监督，从而为人才培养提供良好的外部发展环境。作为商业主体，企业对于产业发展、市场人才需求更加敏感，能够对人才培养提供真实的实践应用场景，侧重在行业发展与市场需求反馈、实训实践以及学生就业和毕业生评价反馈方面助力人才培养。学校的优势在于丰富的人才培养经验以及对教育教学方向规律的把握，更关注学科专业建设、人才培养质量以及服务社会等方面，能够在人才培养方案设计、理论教学、师资队伍建设、服务社会等方面发挥作用。科研机构拥有较强的科学研究能力，在人才培养中通过开展学术交流、产学研项目合作等活动用高水平的科研成果反哺教学，提升学生的创新精神和创新创业能力。

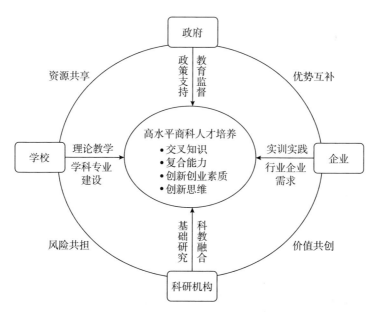

图1 政产学研协同育人与高水平商科人才培养的内在耦合机理

二、基于"五个对接"的政产学研协同育人模式构建策略

政产学研协同育人模式的内核在于整合。围绕高水平商科人才培养目标，可以从人才培养方案设计、师资队伍建设、课程建设、实践教学、人才培养质量评价五个方面，构建高水平商科人才培养的全过程协同育人模式（见图2）。

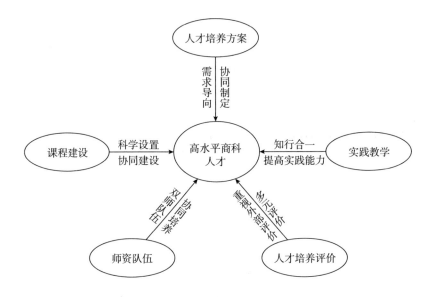

图2　基于"五个对接"的政产学研协同育人模式构建策略

（一）对接社会需求，制定人才培养方案

人才培养方案是高等教育教学的纲领性文件。传统模式下的方案制定主要由学校主导，容易出现教师本位现象，对经济社会发展需求跟踪不够紧密。政产学研协同模式下政校企共同发力，联合制定人才培养方案。政府主要发挥政策支持和教育监督功能，学校对理论课程设置以及人才培养方案整体把

关。企业调研反馈行业发展以及市场需求信息，总结人才岗位能力和职业素养要求。面向岗位需求联合确定人才培养目标、毕业能力要求以及课程体系，使人才培养更有针对性。

（二）对接能力要求，培育"双师型"教师队伍

教师是人才培养的核心保障，高水平商科人才培养需要培育理论和实践能力过硬的"双师型"教师队伍。一方面通过"引进来"策略，在学校专职教师基础上，选聘行业企业专家、政府相关人员作为兼职教师和校外导师，建立"专""兼"能力互补的师资队伍。另一方面实施"走出去"战略，为校内教师提供各种外出交流学习机会，深入行业企业开展调研，到政府企业挂职锻炼，开展产学研项目合作等，丰富提升校内教师的实践经历和能力。

（三）对接岗位标准，开展课程建设

课程是人才培养的核心要素，教改深处是课程①。在政府的监督、引导和支持下，学校、企业紧密合作，根据产业方向、市场需求以及岗位标准优化调整课程体系，使课程设置更加科学合理。将行业企业的新技术、新方法、新应用场景纳入课程，保证课程内容的实用性和匹配度，推动产生更多"金课"。校企双方联合开发教学案例、编写教材等，进一步丰富教学资源建设。

（四）对接应用场景，加强实践教学

实践教学是培养应用型、创新创业型"新商科"人才必不可少的环节。学校在实践教学方面往往存在行业实践知识较少、实践教学资源不足的问题。而在政产学研协同育人模式下，通过校企双方共建实习实训基地平台、邀请行业企业专家负责实务实训类课程教学、举办创新创业项目竞赛以及参与学生职业规划等多种方式，实现理论与实践的融合，锻炼提高学生的实践动手能力。

（五）对接外部评价，建立多元化的质量评价体系

高质量人才培养离不开科学的人才培养质量评价。在政产学研协同育人

---

① 吴岩. 深化"四新"建设走好人才自主培养之路 [J]. 重庆高教研究，2022，10（3）：3-13.

模式下，围绕人才培养中心任务，政府、学校、企业等多个评价主体联动，从社会影响、用人单位评价、教师育人能力和学生学习效果等多个方面，建立过程性、多元化的人才培养质量评价体系，使评价结果更加客观全面。建立定期沟通与反馈机制，学校能够及时准确了解育人效果反馈信息，从而促进人才培养质量提升。

三、招商引资实验班政产学研协同育人实践探索

招商引资实验班创建于 2020 年，系天津商业大学管理学院与谷川联行有限公司联合办学的全国首家招商引资班。该实验班由北辰区政府牵线搭桥，面向招商引资行业人才需求，以"商、经、文、法"各学科交叉融合为基础，以管理学院工商管理市级重点学科为依托，借助招商引资行业的龙头企业——谷川联行丰富的产业师资资源以及实训基地开展联合人才培养工作。通过"五个对接"的协同育人链条，在政产学研协同育人方面做出了有益的实践探索。

（一）人才培养方案

招商引资实验班人才培养方案按照以招商引资行业需求为导向，以服务区域经济社会发展为目标的总体思路，由管理学院和谷川联行共同协商制定（见图 3）。人才培养目标是致力于培养具有管理、经济、法律等方面的宽厚知识基础，商学素养与知识学习、实践能力并重，诚信做人与创新能力兼备，具有沟通表达能力、项目管理能力、营销管理能力、规划运营能力、财会税法能力的复合型、应用型的招商引资人才。毕业时要求学生具备的专业能力主要有四个方面：第一，宏观视野与产业分析能力。包括国民经济分析、产业发展分析与产业分布及转移分析等能力。第二，招商引资营销与服务能力。包括开发客户、客户关系管理、商务洽谈、签订合约、政企服务等能力。第三，财会税法能力。包括财务管理、税法、公司法、经济法等法律条文解读与分析能力。第四，规划运营能力，主导产业规划、基础设施建设规划、载

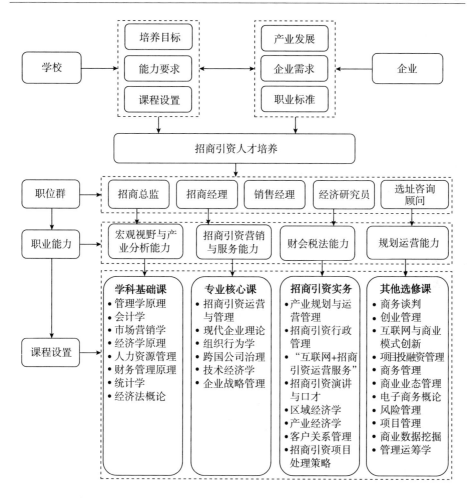

图3 招商引资人才培养方案

体运营服务能力。对应的主要职位群有政府招商相关单位、招商总监、招商经理、销售经理、经济研究员、选址咨询顾问等。在课程设置方面，基于大商科理念，融合管理学、经济学、法学、外语等多个学科，旨在培养招商人才的商务谈判能力、项目管理能力和相关法律、金融实务能力等综合实力。课程共分为学科基础课、专业核心课、专业选修课（招商引资实务、其他选修课）几个模块，其中，招商引资实务类课程由谷川联行资深的产业讲师以及天津商业大学校内教师共同完成。

（二）师资队伍建设

高水平师资队伍是提高人才培养质量的基本保障与关键支撑点。坚持以师德师风建设为根本价值引领，按照"引进来""走出去"的师资队伍建设原则，在"引""育"两个阶段用力，努力建设一支政治素质过硬、业务能力精湛的高水平"双师型"队伍。一方面把政府、企业人员"请进来"担任兼职导师，聘请谷川联行资深产业讲师担任招商引资行政管理、"互联网+招商引资运营与管理"、招商引资演讲与口才、招商引资项目处理策略等课程的兼职教师，为学生开展招商引资职业生涯规划讲座，与校内教师共同开展招商引资课程改革以及联合进行毕业论文指导等工作。另一方面引导校内教师"走出去"，深入招商引资行业企业开展调研，参加产业研讨会，进行产学研协同育人项目合作等。鼓励优秀教师到政府企业实岗锻炼，为政府部门开展招商引资相关培训讲座等服务社会活动。定期开展校内外教师之间的研讨交流、经验分享、案例开发、企业游学等活动。

（三）专业课程建设

课程是人才培养的核心要素，招商引资实验班的课程建设由管理学院和谷川联行共同谋划确定。管理学院主要负责评估学科基础课、专业核心课以及公共基础课的设置合理性，确保学生具备扎实的人文素养和专业理论功底。谷川联行主要调研反馈招商引资行业发展、产业园区规划和相关企业需求信息。根据招商引资岗位需求对实务类选修课程设置提出意见，并且派出资深讲师承担招商引资实务类课程的教学工作。在课程内容建设方面，校内专职教师发挥科研和理论功底较强的优势，依托管理创新与评价研究中心的市级科研平台资源，将最新的项目管理、商务管理等领域的科研成果纳入课程教学内容，实现科研成果反哺教学，提升课程的知识体系与价值体系，锻炼学生的创新思维和创新创业能力。谷川联行拥有经验丰富的产业讲师资源，校外专家通过实操讲解以及对实际招商引资项目的分析，能够提升学生招商引资的实际运用能力，而且通过将这些鲜活的招商引资实务活动编写成课堂教学案例或者纳入实习实训，能够从实践角度提高课堂教学效果，丰富招商引资实务类教学资源建设。

（四）实践教学

在实践教学的设计上，招商引资实验班秉持"课程（创新创业课、上机实验课）、活动（实习、讲座、参观调研）、项目（大创、SRT 训练）、比赛（学科竞赛、创新竞赛等）"四位一体的培养思路，着重训练提升学生的创新创业能力以及实际动手能力。在课程方面，开设大学生创新创业以及"互联网+招商引资运营服务"、招商引资演讲与口才等招商引资实务课程。增加客户关系管理课程的实验教学课时，以市级工商管理实验室平台为依托，组织学生上机操作，提高学生实践动手能力。在实训活动方面，将企业资深高管"请进来"为学生开设讲座，分享职业经历、产业发展前沿等内容。带领学生"走出去"深入谷川联行、政府部门、产业园区等单位进行实地调研，通过理论学习与实习实训活动相结合，培养学生的创新创业能力。另外，通过专业认识实习、社会调查、毕业实习、毕业论文撰写等活动，组织学生深入招商引资行业一线，了解招商引资企业实际运营。组织学生积极参与大学生创新创业训练计划或者大学生科研能力训练计划（SRT），在承担项目和任务过程中提高解决问题能力、跨界整合能力、团队协作能力以及抗挫折能力。以赛促学，鼓励学生积极参与各级各类创新比赛或学科专业竞赛，在比赛中检视不足、激发动力、增强实践能力。

（五）人才培养质量评价

招商引资实验班的人才培养质量评价坚持以学生发展为本位，引入企业用人单位满意度评价等社会评价内容，推动人才培养质量评价从单一主体的考试结果衡量向多元主体的过程性考核转变。比如，在招生阶段，管理学院和谷川联行共同参与选拔。笔试环节考查学生对基础理论知识的掌握，面试环节从学生的语言表达、思维能力、心理素质等多个方面综合考察学生的能力素质。在谷川奖学金评定方面，采取多维度综合考评方法。其中，学年平均成绩占比60%，思想道德占比20%，实践活动如参加的项目、学科竞赛、发表论文、参与社会活动等占比20%。改革课程学习效果评价方法，根据课程性质不同，分别采取闭卷考试、开卷考试、课程论文、策划方案、调研报告等多种考核方式。加大课程考核比重，从学生出勤、小组案例展示、个人作业完成情况、课堂表现等多方面给定平时成绩。在实习实训等环节，定期调研跟踪外部用人单位评价，将谷川联行等用人单位评价纳入招商引资实验班学生的实习成绩管理以及人才培养方案优化调整工作中。

四、结语

政产学研四位一体的协同育人培养新模式，能够有效调动政府、行业企业、科研机构以及高校的积极性，统筹协调各方利益。通过共同谋划制定人才培养方案，协力培养"双师型"师资队伍，主动对接社会需求联合确定有针对性的课程体系，依托企业资源建立系统完整的实践教学体系，引入社会评价建立多元化的人才培养质量评价标准，能够变学生被动学习为自主学习，培养学生创新能力。招商引资人才培养实践表明，面向行业发展需求的政产学研协同育人模式，能够为国家经济社会发展培养大批应用型、创新型、复合型的高素质人才，是新文科背景下引领新商科人才培养的有效模式。

商科类院校政产学研协同育人存在的问题及解决对策

——以天津商业大学为例[*]

韦颜秋^①

摘要： 为应对数智化技术、新经济环境、新商业模式的挑战，商科类院校人才培养调整为政产学研协同育人模式成为必然。在厘清政产学研协同育人模式特点、机制和保障条件基础上，以天津商业大学为例，基于问卷调查和座谈研讨，全面探讨商科类院校政产学研协同育人模式存在的问题，从整合内外部优势资源、生成和发展交叉学科、培育"亲产型"协同育人模式和完善保障条件等方面提出对策。

关键词： 商科类院校；政产学研；产教融合；协同育人

随着信息技术的快速更迭和发展，新一轮产业革命和科技革命迅速变革，数字经济已成为推动经济社会持续发展的新动力。为满足社会经济发展需要和适应未来变幻莫测的商业环境，培养现代化高水平商业人才具有重要意义。在此背景下，商科类院校扮演着培养商业领袖、管理人才和创新人才的重要角色，而当下高校传统的教育模式和培养机制难以为人才培养提供现代化和智能化服务。基于协同创新视角，深入探讨商科类院校人才培养模式，对提

---

　　* 本文系教育部首批新文科研究与改革实践项目"高水平商科人才培养的政产学研协同育人机制创新与实践探索"（项目编号：2021090017）阶段性成果。
　　① 韦颜秋，天津商业大学经济学院教授，经济学博士。

升新时代"新商科"人才培养质量尤为重要①。新时代的"新商科"不是在现有商科教育基础上的优化，而是一次全新的商科教育治理变革②。鉴于此，本文将以商科类院校政产学研协同育人模式为研究对象，深入挖掘和探讨天津商业大学人才培养模式中存在的问题并提出相应的解决措施，以为新时代商科类院校高水平人才培养提供启发和经验。

一、商科类院校政产学研协同育人模式构建思路

政产学研协同育人是指在商科教育领域中，通过政府、产业界、高等院校和科研机构紧密关联并协同合作，共同培养具备商业智慧、管理能力和创新意识的商业界高素质人才。这种协同育人模式旨在将理论学习与实际应用紧密结合，使学生能够在学术、产业界和科研领域中获得全面的培养和锻炼。

商科类院校政产学研协同育人是一种将学校、产业界和科研机构资源进行整合，通过深度合作，培养出适应商业需求、具备创新能力和实践经验的高素质商业人才的教育模式。这种模式有助于弥补理论与实际之间的鸿沟，提升人才培养的质量和效果，推动经济社会的可持续发展。同时，按照《中国教育现代化 2035》的指导思想，协同育人能够顺应当今商业领域变革、经贸领域变革、科学技术创新发展的新要求，通过探索建立政产学研各方共同参与的人才培养新模式，弥补产业转型升级的人才和技术缺口，破解大学生就业难的困境，打造一支以实现中华民族伟大复兴为目标的高素质、高技能人才队伍。

（一）政产学研协同育人模式的特点

1. 实践导向、产学研融合、导师制度和全面培养

政产学研协同育人强调"实践"这一要素，将学生置身于真实商业环境

---

① 刘晓宏，孔祥年. 高校产学研协同育人模式研究与实践——以江南大学为例 [J]. 中国高校科技，2017（6）：64-67.

② 齐佳音，张国锋，吴联仁. 人工智能背景下的商科教育变革 [J]. 中国大学教学，2019（Z1）：58-62.

中，通过实际项目、实习等方式，引导学生自发养成良好的实际应用能力和解决问题的本领。该模式还强调学术、产业界和科研领域的深层次融合，通过与企业合作开展项目、共同研究等方式，促进知识创新、技术转化和产业升级。通过深层次产教融合，加强校企之间的协同，科研成果能够有效转化，产生良好的社会和经济效果。该机制注重导师制度的建立，将产业界专业英才和高级科研人员引入教学过程的各个阶段，为学生提供个性化指导和实际经验的分享。除专业知识外，院校需要注重学生综合素质的培养，注重培养领导能力、团队协作、创新能力等来使学生达到全面发展。

2. 定制化课程、社会责任感、创新意识和持续学习

相关院校需要根据产业的发展需求，定制相关课程来确保教育内容和市场需求紧密契合，以此提高学生未来的就业竞争力。该模式还注重培养学生的社会责任感和可持续发展观念，引导学生在商业实践中关注社会、环境和经济的平衡发展。协同育人模式通过项目合作、实习实践、科学研究等培养形式和内容，有效激励学生大胆创新，培养学生创业精神。该培养模式强调终身学习理念，使学生具备自主学习能力和适应新领域能力，以应对未来不断变化和错综复杂的商业环境。

（二）政产学研协同育人机制分析

1. 优化培养计划和课程设置

商科类院校与政府、企业等产业界合作，共同制定培养计划和课程设置，确保教育内容与实际需求相符，提高人才培养的针对性和实效性。在实践教学和项目导向方面，商科类院校注重实践教学，通过开展实习、实训等形式，为学生提供设身处地参与商业活动的机会，在实践中不断提升实操能力，锻炼创新性思维。

2. 深化产学研融合机制

商科类院校积极推动产学研深度融合，将科研成果应用于实际经济中，促进创新和技术转化，为产业升级和创新发展提供有力支持。产业界专业人士和科研人员参与到教学中，担任导师或讲师，为学生提供实际经验和前沿知识，加强理论与实践的结合。通过实施合作项目、开展科研课题、完成实习实践等方式，培养学生组织能力、创新意识、执行能力、团队合作等方面

的综合能力和素质，以适应快速变化的商业环境。

3. 塑造社会责任感和可持续发展观念

商科类院校政产学研协同育人强调社会责任感和可持续发展观念的培养，引导学生在商业实践中关注环境、社会和经济的平衡发展。

（三）政产学研协同育人保障条件

政产学研协同育人模式的构建需要一系列的保障条件，以确保其中参与的各个主体能够实现有效合作共赢，人才能够获得实际的商业经验和实践知识。

1. 加强政策支持和资源投入

政府在政策方面需要给予大力支持，积极鼓励高等院校和产业界及学术界的协作。同时，相应的资金和资源要倾斜于其中以帮助各个项目顺利开展，包括资助类的实践项目和研究活动等。

2. 激励产业界和学术界合作意愿

产业界需要有充分的意愿参与合作，积极为学生提供相应的实习、项目合作及导师等支持。学术界需要有具备先进的专业知识和研究能力，能够为产业界提供有效的信息和专门的指导。各方需要建立有效的沟通和协调机制，保证信息的流通顺畅并使问题得到迅速解决，避免合作中出现摩擦和矛盾。

3. 可持续的课程优化和实践项目迭代

商科类院校需要及时设计与持续优化课程设置，以不断适应实际商业活动，要求教师和业界专家具有丰富的行业经验，能够将理论知识与实际案例相结合。同时，需要业界和政府持续供给实践性项目，能够不断适应教学与实践的密切连接。针对合作项目和学生实践经验，建立评估和反馈机制，以跟踪和监测项目进展及效果，及时调整课程设置及实践项目方案。

二、商科类院校政产学研协同育人存在的问题

天津商业大学坚持以学科建设为龙头，经济学、管理学、工学、法学、文学、理学、艺术学等学科门类协调发展、相互支撑，具有鲜明的商科特色。

学校具备两个天津市人文社会科学重点研究基地、两个天津市高校智库，设有"双碳研究院"和"数字经济与绿色发展研究中心"等交叉创新平台，金融学专业为国家级专业综合改革试点专业。学校有一支高素质及高水平的师资队伍，现有专任教师1166名，其中，正高级155名，副高级315名。在新时代的科技创新背景下，以天津商业大学为代表的商科类院校培养高质量商业人才的模式不够成熟和完善，尤其在政产学研协同育人、产教融合方面还存在诸多问题。为此，笔者对天津商业大学师生发起问卷调查，整理出有效问卷450份，同时，邀请政府、业界、学界等专家和学者就政产学研协同育人存在问题及未来方向进行研讨，将主要问题归结为三个方面。

（一）育人主体多元化不足

商科类院校在政产学研协同育人模式上存在多元化育人主体不充足问题，在师资总量方面有所不足，整体结构不够优化，高层次人才特别是学科领军人才数量偏少，不足以支撑商科类院校未来可持续人才培养。不同层次、不同阶段和不同学科所需教师人才分层不清晰，造成教学实施缺乏针对性。教学实施过程中缺乏与企业的合作，产教融合深度不够，"政产"育人主体作用不充分。为贯彻落实天津市"十项行动"，推进产教融合高质量发展，构建"政产学研"协同机制，商务局领导带队赴天津商业大学调研座谈，深入探讨商科类专业如何建立产教融合机制，加强学校与产业的合作关系，夯实实践基础等。此外，学校与有关学科的科研机构尚未建立起深厚的联系，缺乏合作育人机制。

（二）育人资源统筹度不深

育人资源是商科类院校深化政产学研协同育人模式重要的"催化剂"，足够丰富的育人资源可以提高人才的培养质量。首先，在调查中发现学校育人资源不足，导致政产学研合作项目质量下降，现有协同育人项目中各个主体参与度不高，不能有效地将协同育人资源贡献出来，难以形成资源的互补和价值提升。其次，育人资源在协同育人项目中分配不均。在项目合作中各方会产生资源分配上的分歧，如在理论结合实践项目、项目资金分配等方面存在资源错配、效率不高等问题。同时，在协同育人中信息较为分散和碎片化，形成信息孤岛，资源难以进行有效的统筹和高效利用。最后，缺乏有效机制促进资源在政产学研间进行有效流通，协作效应难以最大化实现。资源统筹利用的柔性合作机制并未有效建立起来，各自为政情况时有发生，缺少统筹、协调、评价、考核机制，资源统筹难以发挥最大效应，不能在协同育人中充分发挥资源的催化剂作用。

（三）协同育人模式平衡性不强

商科教育必然要充分联系实践，在协同育人过程中要注重平衡商科理论知识学习和商业实践体验，若偏重于一方大概率会导致人才培养在理论和实践间失衡。首先，高校在理论知识方面基础深厚且系统，但在实践教学方面存在与商业实践联系不充分、尚未平衡好理论与实践间关系的问题。其次，存在课程设置单一、教学设计缺乏合理性的问题。在课程设置上缺少显著特色和多样化课程管理，导致学生获得的知识与业界需求脱节，不利于培养未来商业环境所需的"新商科"人才。最后，存在协同育人模式单一、不协调等问题。世界正在经历百年未有之大变局，商业环境快速变化、难以预测，商科类院校在政产学研协同育人模式上，需要及时调整状态以适应未来发展趋势。

三、提升商科类院校政产学研协同育人效果的对策

（一）利用地域优势挖掘内部资源优势并关联外引资源

商科专业特点决定其发展中需结合多样化要素，并根据各商科专业特点形成优势互补和资源整合。政产学研协同育人模式体现出政府、企业、高校和科研院所既独自运转又协同合作的特点，这就要求各方充分挖掘内部资源优势并拓展外部资源，形成协同效应。首先，增强区域内各高校联系，建立高校联盟，以联盟为起点兼顾学科专业基础，充分挖掘本校内部要素特点和优势，利用本身已有优势弥补教学资源等方面的不足。其次，学校还需要提

高与外部资源方的亲密度，与政府、企业和科研机构积极主动建立联系，开发合作项目。利用外部资源的开阔性和前瞻性，扬长补短，更好地实现育人目的。将课堂教学植入到企业生产实践中，与企业共建实践基地，让学生在实践基地体会理论知识和实践交融过程。

（二）利用数字化和智能化技术实现交叉学科智慧生成和发展

针对商科类院校专业设置过多、各专业间紧密度不够、学科交叉发展程度不深等问题，要充分利用数字化和智能化技术促进学科间互补，促进交叉学科的生成和发展。首先，促进数据要素化。从数据获取、信息与知识加工到智能输出，生成学科交叉过程中的数据治理逻辑脉络。用交叉学科发展形成的数据作为新引擎，实现对学科交叉全过程、全方位的数据赋能，促进交叉学科的智慧生成。其次，实现交叉学科建设的数智化。通过数字化和智能化技术覆盖交叉学科发展设计、实施、评价各环节，促进学科交叉发展的全要素结构性变革和全领域整体性转型。最后，推进交叉学科发展生态化。增强商科各学科之间的联系，融合政产学研之间的关系，利用数字化和智能化技术，建立交叉学科间知识互通交融的信息化平台，实现学科发展的生态化建设。

（三）创新"亲产型"协同育人培养模式

"政产学研"协同育人模式创新的特点是"亲产型"，即协同育人是为产业发展提供高质量人才，人才的培养又离不开产业资源的支持及产业的积极参与。因此，要以产业链为核心，实现教育链和创新链的深度融合。首先，打造一大批跨学科优势特色专业。围绕区域经济产业发展趋势和新型人才需求特征，着力改造国际经济与贸易、金融学、市场营销、财务管理等传统专业，优化调整学科专业布局，满足区域产业经济发展的需要。其次，通过成立产业学院，夯实"亲产型"协同育人基础。"政产学研"共同成立产业学院，制定人才培养方案、课程体系、方式方法、保障机制，建设产业经济人才培养质量评价体系，进行人才培养质量评估和监督。最后，完善人才培养实习实践环节。建立校企实践岗位"双选"匹配机制，有能力且胜任的人才有机会进入实习岗位，建立"师徒式"顶岗实践模式，为人才提供用武之地、实践之地。

(四) 完善政产学研协同育人保障条件

政产学研各方基于自身资源禀赋特点，围绕协同育人模式的有效运行，实现新时代商科人才高质量培养的目标，这需要必要的条件保障。首先，政府部门深入分析本区域产业经济发展的现实需要，据此出台政产学研协同育人政策。组织建立政产学研协同育人联席会议机制，安排应急项目、专项项目的经费支持。其次，产业组织要充分了解专业人才需求，通过参与课程设计、选派专业教师、人才孵化培养、专项项目支持等措施，全面提升商科人才的培养质量。最后，高校组织设计协同育人标准和全面评价机制，在培养体系、课程设计、教师培养、教学评估等方面进行动态调整和持续优化改进。

政产学研协同育人视角下公共管理类专业"双师型"师资队伍培养机制研究*

李 娜①

摘要：从政产学研协同育人的角度来看，公共管理类专业"双师型"教师既是课堂教学的施教者，具备良好的师德修养、教育教学能力；又是政产学研融合的参与者，具备良好的行业职业态度、知识技能和实操能力。因此，公共管理类专业"双师型"师资队伍的建设应以满足社会需求和专业特点为核心，不断畅通政校企人才交流互动渠道，培养专任教师的专业教学能力、实践应用能力、研究开发能力及社会服务能力，建立全方位、多元化的"双师型"师资队伍培养机制。

关键词：政产学研；协同育人；公共管理；"双师型"师资队伍

政产学研协同育人是高校培养适合国家经济社会发展需要的人才的一种重要举措。公共管理是为了实现公共利益、创造公共价值、创建公民美好生活而对公共事务所进行的管理，公共管理类专业的毕业生既需要对政府管理和决策过程有一定的了解，又需要能够服务国家战略和产业发展，具有开阔的视野和较强的综合素养。从政产学研协同育人的视角构建公共管理类专业"双师型"师资队伍的培养机制，有助于契合政产学研协调发展和公共管理类专业建设的多种需要，同时对于提升学生综合能力素质及实践应用能力具

＊ 本文系教育部首批新文科研究与改革实践项目"高水平商科人才培养的政产学研协同育人机制创新与实践探索"（项目编号：2021090017）阶段性成果。

① 李娜，天津商业大学公共管理学院讲师，管理学博士。

有重要意义。然而，当前一些高校在公共管理类专业师资队伍培养过程中，对政产学研协同育人理念的重要性认识还不够，"双师型"师资队伍的培养和激励机制还不足，导致公共管理类专业人才实践能力培养缺失，与社会发展需要脱节。因此，有必要进一步强化政产学研协同育人理念在"双师型"师资队伍培养中的作用，以满足社会需求和专业特点为核心，进一步制定有效的培养机制和激励措施，提高公共管理类专业"双师型"教师参与实践锻炼的积极性。

一、政产学研协同育人的重要性和特点

（一）政产学研协同育人的含义和重要性

政产学研协同育人模式，是指以政府、产业界、高等院校、科研机构等为主体，通过政产学研协同合作，将高校的技术创新与社会生产实践有机结合起来的一种人才培养模式。政产学研协同育人模式从专业建设、行业发展、人才培养等多个方面，将"教、产、研、育"有机地融合在一起，对于提升高校教育教学能力和学生实践技能具有重要的作用。

第一，政产学研协同育人有助于促进高校教学成果转化，提升实践教学水平。政产学研协同育人的目标关注社会对高等教育人才的真正需求，注重从理论知识的教学向实践技能培养的转变。这一目标要求高校必须全面衡量教育教学中存在的问题，围绕社会需要建立人才培养机制和教育教学体系，不断将理论付诸社会实践，从而形成政、产、学、研相结合的循环系统。

第二，政产学研协同育人有助于提升学生实践技能。特别是对于一些缺乏实践性训练的专业而言，政产学研协同育人意味着将政府、产业、科研机构等的资源融入到高校教育资源之中，将专业建设与实践工作进行有机协调，从而能够加深学生对本专业的理解，激发学生对于相关职业信息的认知能力，满足学生对专业实践技能的需求，提高学生社会适应能力。

（二）政产学研协同育人的特点

1. 职能互补性

在推进政产学研协同育人工作中，政府、企业、高校、科研院所等各类部门的社会职能存在明显差异，定位也各不相同。其中，政府在政策发起和过程监督、投入支持、人才引育等方面发挥引领作用；高校和科研院所负责教育教学和指导研究；企业则提供实践岗位和帮助学生形成实践经验。

2. 动态调整性

鉴于当今国内外对于人才需求的竞争日益激烈，高校与政府、企业等部门之间的协作应体现动态性，并根据现实情况对协同育人的方式不断地进行更新，从而兼顾各方面的利益和需求。同时，高校只有与其他部门之间积极地配合、相互支持，才可以实现多方利益的最大化和合作的长久化，提升政产学研协同育人的效果。

二、政产学研协同育人视角下公共管理类专业 "双师型" 教师应具备的能力

所谓"双师型"教师，是指爱党爱国，具备良好的师德修养，具备企业工作或实践经历，具备理论教学和实践教学能力，紧跟产业发展趋势和行业人才需求，并把新技术、新工艺、新规范融入教学的教师。[1] 建设培养"双师型"师资队伍，主要是为了解决高等教育在政产学研协同育人中重理论而轻实践的问题。这就要求高校教师在教学内容中，能够渗透新知识、新技术、新工艺；在教学过程中，能够融"教、学、做"为一体；在教学效果上，能够通过较强的专业化实践教学，培养出一大批具备适应能力和创新能力的高素质人才。

---

① 教育部. 教育部办公厅关于做好职业教育"双师型"教师认定工作的通知［EB/OL］. (2022-10-25). http://www.moe.gov.cn/srcsite/A10/s7034/202210/t20221027_672715.html.

就公共管理类专业而言，目前许多高校还存在着重视理论知识灌输，缺少实践教学的现象。究其原因，许多专业课教师自己便缺乏相关社会实践经历，对于专业知识的传授主要依赖于教材和课堂，脱离实际需要。以政产学研协同育人为目标，则要求高校鼓励专业课教师通过生产实践、学习观摩、在职培训、单位挂职等多种方式，培养自身所应具备的专业教学能力、实践应用能力、研究开发能力以及社会服务能力。①

一是专业教学能力。主要是指具备讲述公共管理类专业的基本理论、基础知识的能力。具有扎实的公共管理专业理论，是建立公共管理类专业"双师型"师资队伍的基础。

二是实践应用能力。主要是指将公共管理理论知识转化为社会实践成果的能力。这要求教师具备较强的公共管理技能水平，例如，组织管理能力、人际沟通能力、公文写作能力、社会调查分析能力等，并通过教师良好的口头表达和讲解，传授给相关学生，实现教学相长。

三是研究开发能力。适应资讯、科技和社会快速变化的要求，公共管理类专业教师应具备良好的创新精神以及组织学生开展创造性活动的能力。

四是社会服务能力。公共管理"公共性"的特点，意味着其对公共管理类专业师资队伍社会服务能力极为重视，教师应能够教育学生洞察国内外社会形势发展变化，熟悉并深刻领会公共政策指引方向，实现与公共管理需要、社会要求和市场需求的协调一致。具体如图1所示。

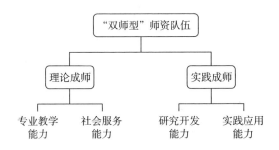

图1 公共管理类专业"双师型"师资队伍应具备的能力

---

① 俞悦锋，周志勇. 经济管理类专业"双师型"教师队伍建设研究［J］. 湖北函授大学学报，2011，24（9）：26-28.

三、公共管理类专业"双师型"师资队伍培养中存在的问题

如前所述，在政产学研协同育人目标的实现过程中，需注重培养"双师型"师资队伍。然而，现实中公共管理类专业"双师型"师资队伍培养和建设中还存在不少问题，如许多高校在教师招聘阶段过于看重科研水平和学历水平，而忽视了对应聘人员社会实践经验和技能水平的要求；有些高校"双师型"师资队伍存在着数量少、学缘结构单一、专兼职比例不协调、经验欠佳等问题。从政产学研协同育人角度看，公共管理类专业"双师型"师资队伍培养问题主要可归结为以下三个因素：

（一）政府在"双师型"师资队伍培养中的职能没有得到充分发挥

尽管高校是"双师型"师资队伍培养的主力，但是政府也应在宏观的人才培养政策制定和人才发展环境营造等方面为其提供支持。因此，政府的统筹和引导是加强"双师型"师资队伍培养的客观需要。然而，在实际工作开展过程中，地方政府在"双师型"师资队伍培养方面的作用尚没有得到充分发挥。例如，部分地方政府对"双师型"师资队伍培养方面的政策引导和宣传力度不足，导致很多高校、企业及科研机构对于相关政策的了解和理解程度有限，从而影响了高校"双师型"师资培养工作的进一步开展。[①] 还有不少地方在专任教师继续教育培训方面缺乏"双师型"师资培养方面的特色课程，培训课程内容单一，偏重于理论，缺乏与公共管理实践的紧密结合。还有一些地方政府对于"双师型"师资队伍培养方面的经济支持有限，间接导致经费问题不能够得到有效解决，进而影响了相关工作的持续开展。

---

① 李文静，孔丹丹. 政产学研协同育人视角下应用型人才培养的意义、困境与出路 [J]. 辽宁科技学院学报，2020，22（6）：35-37.

（二）高校针对"双师型"师资队伍的制度建设和激励机制不足

在政产学研协同育人过程中，高校应制定具体的规章制度和激励政策，促进实施政产学研协同育人模式，培养创新应用型人才，并为此建立高素质的"双师型"师资队伍。但从现实情况来看，目前许多高校的"双师型"师资队伍制度建设和激励机制并不充分，基于不同专业特点的培养激励措施更是欠缺。这表现为，一些地方高校对于"双师型"师资队伍培养工作缺乏科学规范的规章制度和奖励措施，因此也无法对"双师型"教师的绩效做出全面、客观、公正的评价，并将评价结果与教师的工资福利、职称评聘、评奖评优等相结合。有的高校尽管出台了一些"双师型"教师引育方面的制度规定，但在实际中执行并不到位或干脆束之高阁，使相关制度形同虚设，成为一纸空文。① 此外，囿于现有高校组织管理、预算管理及教师招录、评聘等方面的制度限制，一些高校在聘请校外高技能人才到校担任专兼职教师等问题上困难重重、顾虑多多，这些都不利于提升"双师型"师资队伍的整体建设水平的提高。对于公共管理类专业而言，受专业特点和人才培养方案、教师岗位设置等因素限制，许多专业院系在引进政府、企业的管理型、复合型或高技能人才融入现有专业建设体系方面存在困难。同时，教师与行业企业间的科研合作和交流相对理工类专业较少，"双证型"或"双职称型"专职教师数量也相对较少，这就更需要结合公共管理类专业实际，制定相应的"双师型"师资队伍培养激励机制，从而更好地满足社会对公共管理类人才的需要。

（三）企业在"双师型"师资队伍培养中的作用被忽视

尽管公共管理学在传统意义上主要以各种公共组织或社会公共事务为研究对象，但近年来，该学科的发展范畴和研究范围日渐扩大，融合了多种学科知识和方法，并成为现代管理科学的一个重要分支。目前，公共管理学已涵盖了公共事业管理、行政管理、劳动与社会保障、土地资源管理、城市管理、海关管理、交通管理、健康服务与管理、医疗产品管理等多个专业，其

---

① 卫胜. 破解产学研合作难题 促进"双师型"队伍建设 [J]. 学理论，2014（32）：257-258.

中，多数专业所研究的目标群体与企业经营活动密切相关。然而，从现实来看，目前许多高校在"双师型"师资队伍培养中，并没有充分认识到公共管理与企业或行业发展之间的密切联系，忽视了企业在公共管理学科发展和人才培育中的重要作用。许多高校、公共管理专业教师与企业之间的沟通只停留在表层，对于如何进行公共管理人才培养的理念沟通较少。同时，尽管企业也是公共管理类专业毕业生就业的重要场所，但由于忽视了这方面的师资队伍培育，大学课堂上对于相关知识的讲授也较为分散、不系统，甚至部分大学生所学习的理论和实践知识与在企业实习期间得到的指导有较大出入，致使高校人才培养工作效率与质量受到质疑。事实上，企业既是公共管理的重要目标对象，是公共政策实践的体验者和创新资源整合者，也是实现政产学研协同育人的重要主体。充分吸纳企业的力量参与公共管理类"双师型"师资队伍的政策制定与实施过程，有助于根据经济社会发展趋势对公共管理人才能力、素质提出更加全面系统的要求。因此，在政产学研协同育人过程中，除了要充分发挥公共管理学专业教师的特点和优势外，还应发挥企业相关人员的实践技能，利用校企互兼互聘，建立更加专业化、合理化的"双师型"师资队伍。

四、政产学研协同育人视角下健全公共管理类专业"双师型"师资队伍培养机制的对策思考

如前所述，从政产学研协同育人的视角推进公共管理类专业"双师型"师资队伍的建设，不仅能够使高校教师充分发挥自身水平为社会创造价值，而且能够提升教师的专业技能水平和实践兴趣，让学生通过"双师型"教师的教学接触到更为前沿实用的实践技巧。为此，可以从构建培养目标和组织管理平台、健全激励措施、完善协同方式等方面出发，着力建立健全公共管理类专业"双师型"师资队伍培养机制。

（一）以政产学研协同育人理念为指引，建构"双师型"师资队伍的培养目标和组织管理平台

从政产学研协同育人的角度来看，公共管理类专业"双师型"教师既是课堂教学的教授者，具备良好的师德、教学水平，又是政产学研融合的参与者，具备良好的行业职业态度、知识技能和实操能力；既包括本专业的专职教师，也包括来自学校之外各领域的兼职讲师。基于此，可从宏观引领层、中观决策层、微观行动层三个维度，建构政产学研协同共建"双师型"师资队伍的组织管理平台，从制度上明确各方的权利、责任和义务，从程序上规范各方合作的工作流程，从职能上构建各方的交流反馈机制，从而形成政府统筹、高校主导、产研双元合作的"分层互融"的高校"双师型"师资队伍协同培养机制，建立全方位、多元化的"双师型"师资队伍培养平台。[①] 此外，高校应着力建立完善符合专业特点和社会需要的"双师型"教师资格认证和人事管理制度，使"双师型"师资队伍建设更加科学化、规范化。具体如图2所示。

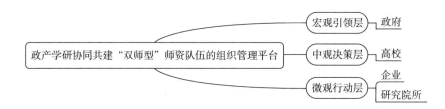

图2　政产学研协同共建"双师型"师资队伍的组织管理平台

（二）以满足社会需求和专业特点为核心，制定有效的激励措施提高"双师型"教师实践锻炼的积极性

"双师型"师资队伍的培养要结合公共管理类专业实际，以政产学研协

---

① 张茹. 政行企校协同共建高职"双师型"教师队伍机制探析 [J]. 长江工程职业技术学院学报，2020，37（1）：28-30+34.

同育人为指引确定"双师型"师资队伍的质量要求和培养标准。高校和有关学院在教师队伍建设的过程中，可对"双师型"师资队伍的建设在制度和政策上进行倾斜，树立"理论实践并重"原则，鼓励教师参与政产学研协同育人，全面提高"双师型"师资技能水平。在教师人才招聘阶段，可增加对教师实践技能和社会服务方面的考察。在现有师资队伍的建设过程中，可尝试实行评聘制度、薪酬分配制度创新，加大"双师型"教师激励力度，将评价结果与"双师型"师资的奖励绩效挂钩。在课时量的计算上，可对符合"双师"特点的相关课程进行适当比例的上调，从而不断调动专业师资力量参与和投入到实践教学的过程之中。在政产学研协同育人建设方面，高校和有关学院可通过建立密切的政校、校企协作机制，为"双师型"师资队伍建设搭建更大的平台，从而实现"双师型"教师和政企人才需求的有效对接。

（三）进一步强化政府和企业在"双师型"师资队伍培养中的作用

政府和企业在"双师型"师资队伍培养中的作用明显，特别是对于公共管理类专业而言，只有与政府、非营利组织和企业等机构进行多方面的沟通，才能找到双方利益的结合点。对此，从宏观方面看，应强化政府在政产学研协同育人及"双师型"师资队伍培养中的支持和引导作用，不断加强政策宣传，完善相关政策，为"双师型"师资队伍建设创造良好环境。从微观方面看，可结合公共管理类专业的特点，尝试建立专业教师到政府部门、非营利组织、行业企业等挂职锻炼的长效机制，还可以聘请已退休的政府官员及其他具有公共管理经验的管理者，担任实践教学的指导老师，以他们丰富的实践经验来提升学生的实践能力。[①] 此外，还可以通过政府与高校共建、高校与企业协作、建立实习培训基地等多种形式，建立公共管理类专业人才培养的院校联盟、政产学研联盟，形成协同育人机制。总之，在政产学研协同育人的理念下，应充分挖掘、利用政府和企业在专业建设、课程开发、社会服务、实践教学等方面的优势，从而不断提高公共管理类专业师资培养与社会发展的契合程度，为我国提供经济社会发展所需要的公共管理类高素质人才。

---

① 吕子欣，周新成，罗燕，等. 公共管理类专业大学生"学做合一"实践教学探索［J］. 产业与科技论坛，2021，20（11）：239-241.

公共管理类专业政产学研多元主体协同育人模式及实现途径[*]

公共管理类专业政产学研多元主体协同育人模式及实现途径[*]

公共管理类专业政产学研多元主体协同育人模式及实现途径[*]

赵伯艳[①]　董晓晓[②]

摘要： 随着公众对公共管理和公共服务水平的要求不断攀升，公共管理岗位也需要更高水平的公共管理类专业人才。面对高标准的人才需求，需要在解决传统公共管理类人才培养面临问题的基础上，坚持新文科教育改革与实践，构建公共管理类专业"政产学研"多元主体协同育人模式。在主体合作方面，应突出强调高校与政府部门、行业协会、研究会等公共部门的合作，同时兼顾与企业的合作，调整学科建设与需求结构的关系。在协同内容上，应强化公共政策和行政管理导向，积极响应公共政策和公共管理前沿与热点问题对人才培养的新要求，突出学校人才培养与社会需求的对接。在教学和考核形式方面，应与时俱进，不断更新教学和考核形式，着力培养应用型高素质人才。

关键词： 公共管理；专业建设；政产学研；协同育人

一、引言

2020 年《新文科建设宣言》提出，新时代新使命对文科教育提出了更高的要求，要继续走具有中国特色的文科教育道路，建设具有世界水平和中国

---

* 本文系教育部首批新文科研究与改革实践项目"高水平商科人才培养的政产学研协同育人机制创新与实践探索"（项目编号：2021090017）、天津商业大学研究生课程思政建设项目"公共管理"（项目编号：23YKCSZ0112）阶段性成果。

① 赵伯艳，天津商业大学公共管理学院副教授，管理学博士。
② 董晓晓，天津商业大学公共管理学院在读硕士研究生。

特色的文科人才培养体系①。2021年5月28日，习近平总书记在中国科学技术协会第十次全国代表大会中指出"当今世界的竞争说到底是人才竞争、教育竞争"②，高素质、高水平复合型人才成为了社会急需人才。因此要不断深化高等教育体系改革，全面提高高校人才培养质量，逐步建立和完善新文科建设。2023年2月27日，中国行政管理学会学术顾问委员会成立大会暨第一次工作会议在京召开，会议强调建设高水平学术共同体，推动公共管理类学科高质量发展。在新时代新文科建设的背景下，如何紧随时代发展的需要和社会进步的步伐，把握社会经济发展对公共管理类应用型人才培养的新需求，成了高校育人所面临的现实问题。

二、新文科建设背景下公共管理类专业人才培养新要求

2019年，我国正式开启新文科的建设，教育部高教司对新文科进行了总体安排，并指出要持续深化包括新文科在内的"四新"建设。我国新文科建设的推进，对我国高等学校人才培养产生了重要的影响，也对我国公共管理类专业的高质量发展提出了新的要求。

首先，新文科建设的显著特征是以人才能力培养为核心，以需求为导向，以解决社会经济问题为目标，致力于提升公共管理类人才理性思考能力以及对时代性、现实性问题的理论洞察力。其次，学科交叉融合是"新文科"建设的目标，新文科要求学生掌握社会学和经济学等其他社会学科的知识，为达到这一要求，学校必须构建有效推动学科交叉融合的人才培养体系，将公共管理专业课程与其他社会学科课程相结合，促进形成具有广泛包容性的公共管理类人才培养体系。最后，"新文科"的建立，将智能化和大数据分析等现代科技融合到公共管理学科建设中，使学生具备信息化和数字化的管理

---

① 兰玲，魏旭. 政产学研视角下工商管理类人才培养模式改革［J］. 白城师范学院学报，2023，37（4）：89-94.

② 陈应文. 习近平创新人才培养观研究［D］. 株洲：湖南工业大学，2022.

能力，满足信息管理、网络管理、信息安全等方面的需求。所以，"新文科"的建立需要有效推动公共管理类专业与其他领域的深入融合，破除专业壁垒，开阔学子的知识眼界，造就出基础知识坚实、创造力强大的复合型人才。①

三、政产学研多元主体协同育人模式对公共管理类专业人才培养的作用

作为一种人才培养模式，政产学研多元协同育人是指以人才培养为主要内容，以生产、教学、科研、社会服务为辅助内容②，全面培养公共管理类专业学生，提高其综合能力，发挥高校、政府、企业、科研机构的资源优势，共同为社会输送专业性、创新型人才。只有把政府和企业两方面的资源整合起来，才能把高等教育办好，提高教学质量。政产学研多元主体协同育人模式，在人才培养中发挥着积聚校内外优质资源、提高人才培养能力，推进人才培养模式创新、提升人才培养质量，促进多元主体深度融合、提升人才就业水平等作用，是实现新文科建设目标的关键。

（一）积聚校内外优质资源，提高人才培养能力

政产学研多元主体协同育人模式通过引进校外资源、建立校企合作平台、激励学生参与课题项目等方式，打造高等教育新高地。一是可以为公共管理类专业的人才培养提供更多的资源，如教师、课程、实践平台等。二是在人才培养的整个过程中可以将政府、企业、科研机构等主体的期望和目标融合在一起，使公共管理类专业课程能够真正以服务对象为基础，满足公众的需要。三是可以大幅提升专业教师的教学水平与科研能力，使专业人才培养能力得以不断提升，打造合格的高素质公共管理人才。

---

① 孙建竹.新文科建设背景下旅游管理专业"政产学研"协同育人模式研究［J］.辽宁科技学院学报，2022，24（5）：35-37.

② 胡宜挺，王博，王晓蜀，等."四新"背景下农林经济管理专业政产学研协同育人机制建设研究——以石河子大学为例［J］.兵团教育学院学报，2023，33（2）：52-56.

（二）推进人才培养模式创新，提升人才培养质量

公共管理类人才培养模式改革，不仅有助于提高高校大学生分析和解决社会问题的能力，对于国家公共事业发展、企业发展及经济效益提升也具有重要意义。通过建立和实施政产学研协同育人机制，打破高校与政府、企业、科研机构之间在人才培养上的障碍，发挥多主体共同参与的协同效应，共同制定人才培养目标、培养计划、课程体系、培养质量评价体系等，为学生打造专属体验式学习平台，引导学生运用创造性和灵活性思维解决问题，提升公共管理类专业人才培养质量。

（三）促进多元主体深度融合，提升人才就业水平

通过多元主体间的密切合作及时掌握公共政策和行业的变化，可以及时了解公共管理类专业人才需求情况的动态变化，对人才培养方案进行及时的更新和优化，有效提升专业人才的科技素养、人文素养及就业创业能力，这将改变专业人才培养同质化与社会需求多样性之间的不平衡，从而让公共管理类专业毕业生的就业水平得到进一步提升。

四、公共管理类专业人才培养的现状及困境

公共管理主要是指对公共事务的管理，包括政府管理、行政管理、公共事业管理、劳动与社会保障、土地资源管理等。随着公共管理类专业教育的不断发展，我们也逐渐认识到，当前的公共管理类人才培养机制中还存在着许多亟待解决的实际问题。

（一）主体间缺乏完善的合作机制

当前，在公共管理类专业的人才培养过程中，高校是构建政产学研协同育人平台的主要场所。但是，在政产学研协同育人模式构建中，高校内部资源条件具有一定的局限性，要能够在外部环境中获取教育资源和方法，与政

府、企业和科研院所合作构建政产学研协同育人模式。高校管理者和专业建设人员、政府、企业、科研机构的支持至关重要，但在具体的实践过程中，多元主体间的合作通常以框架性的协议为合作依据，缺少规章制度作为刚性约束，也缺少诸如理事会或校企合作委员会等管理机构①。因此，从目前的教学实践来看，仍然存在着专业教学和社会需要联系不够紧密的问题，这一问题极大地制约了学生在实际实践环节中的参与程度和实践的范围，不能保证人才培养与社会需要的高度匹配。

（二）学科之间的交叉融合度不足

学科知识指的是在学科中所积累并要求的各种知识的集合，它是一套完整的、能将学科中的所有知识都囊括在内的概念集合。所以，每一门学科都拥有自己相对独立的知识体系。但是，在经济全球化、新一轮科技革命和工业革命以及学科交叉融合不断加快的背景下，不同学科间的边界逐渐被打破，各个学科领域的相互渗透、交叉与融合已经成为了一种不可避免的趋势。公共管理类专业是一个跨学科、综合性很强的专业，但是在传统的课程教学中，仍然存在着学科间的交叉与融合程度不够的问题，这就导致学生的眼界狭隘，同时也造成了他们处理与解决一些具有一定深度和难度的问题的能力有限。这种长期存在的、保守而又封闭的专业教育模式已经不能与国家和社会对高素质的公共管理人才的需要相匹配。

（三）教学形式及考核方式单一

目前，我国普通高等学校公共管理类专业在教学形式上仍以教师授课为主。教师在课堂上讲授理论知识，并将平时的表现与期末的综合测验结果相结合进行评估，最终分数作为课程结业水平的考核标准。首先，过度理论化的教学导致学生对于一些晦涩难懂的管理术语一知半解，这极大地降低了他们对公共管理课程的学习积极性。其次，缺乏互动的教学模式，缺少对问题求解路径的探究，也难以培养学生独立思考、独立寻找解答的能力。最后，

---

① 宋万杰，赵爱平，赵婧祎，等.应用型大学新文科政产学研协同育人机制与模式研究［J］.科技风，2023（12）：84-86.

考试这种单一的考核形式难以对学生真实的知识学习应用情况进行检验。

五、实现公共管理类专业政产学研多元主体协同育人模式的途径

公共管理类专业人才培养要遵循育人为本、产业为要、产教融合、创新发展的协同育人原则，结合新文科建设标准体系，构建"政产学研"多元主体协同育人模式，促进教育链、人才链、创新链、产业链有机衔接。针对上述困境，公共管理类人才培养应持续探索完善政产学研协同育人机制，充分发挥各方作用，推进公共管理教育事业的发展。

（一）主体协作方面

（1）政府引导育人。政府部门通过政策指引和资金支持，为政产学研协同育人提供监督指导和资源保障，并搭建平台。教育主管部门要服务于教育改革实践，深入研究和解决政产学研协同教育中的切实困境，为高校探索公共管理学科发展规律和学科管理机制提供自主空间和支持。基层政府和政府相关部门应积极搭建或促进搭建政府、社会组织、学会等实践部门与高校的合作平台，鼓励和指导学校与实践部门之间的深度合作，可聚焦乡村振兴、基本公共服务均等化等主题，与高校合作共建人才培训实习基地，让学生深入基层，在实践中汲取经验，获得实干知识，储备基层工作者。

（2）科研项目育人。鼓励通过纵向课题尤其是横向课题来构建科研项目育人平台，在具体实施过程中，激励和引导学生加入到导师的科研项目当中，把导师的科研项目和学生的实践教育结合起来，激发学生的创新思维，培养学生的实践能力。同时，教师可以在实践教学过程中带领学生深入到政府部门、社区、社会组织走访调研和开展志愿服务，助力公共治理发展，在具体项目实践中提升大学生和研究生的综合素质及应用能力。

（3）学科竞赛育人。名目繁多的学科竞赛为大学生提供了越来越多的成长和锻炼平台，积极组织学生参与"挑战杯"、"互联网+"、公共管理案例大

赛等一系列的竞赛活动，把学生所学的专业知识和公共管理实践活动结合起来，培养学生的创新实践能力和职业素养，让学生在学科竞赛中认知和体察公共管理价值，提升分析和解决公共问题的素养及能力。

（4）校企合作育人。行业企业与高校之间的对接是人才培养体系改革的关键。一方面，可以通过共建实践基地促进高校与企业双方深入对接，在共同打造师资队伍上下功夫，促进师资水平的提升。另一方面，通过开展项目合作促进双方在产业发展等方面深入对接。比如，科研院所与高校开展项目合作，让师生参与到项目攻关中来，让学生在与教师合作的过程中增强科研能力，提升应用型人才的学科素养。

（二）人才培养内容方面

（1）树立正确价值观。作为一门具有显著公共属性的学科，公共管理类专业致力于研究、分析和解决公共问题及维护公共利益。因此，公共管理类专业应强化公共政策和行政管理导向，积极响应国家和地方公共政策与公共管理前沿、热点问题，坚持以人民为中心，提升公共管理类专业人才的使命感和责任感，在人才培育过程中应引领学生树立正确的价值观，坚持多样化的教育模式与公共性相结合，培育德才兼备的高质量复合型人才。

（2）增强学科融合度。面对多学科、跨学科的融合教育发展趋势，公共管理学科也应与其他自然学科相互借鉴，取其精华去其糟粕。在公共管理类专业课程教学过程中，应该注重与其他学科的交叉融合，但也要避免其他社会学科教育成为公共管理类专业的主流教育，公共管理类专业应以本学科的专业理念、方法和模型为主要内容。

（3）重视产出质量。公共管理类专业人才教育产出应该着重于以下两个方面：一是立足中国国情，通过发掘本土化的或具有实践意义的内容，来研究和解决国家与地方的重大公共政策及复杂的公共管理问题，并从中提炼出本土经验，解决实际问题。二是兼备国际视野和本土视野，把外国的先进理论同中国的现实结合起来，注重对古今中外公共治理实践和经验的总结，对公共治理的思想进行剖析，优化公共治理的观念和方式，把我国治理的历史传统和经验总结出来，并把它们上升至理论的高度。重视公共管理类专业人才的产出质量，做到专业人才培养与产业人才需求对接。

（三）教学和考核形式方面

公共管理类专业应尝试调研式教学和交流式教学，以提升学生自主分析公共问题的能力，通过采取真实案例分析、撰写调研报告、现实公共问题分析等方式丰富课堂教育内容。[①] 在课堂教学中引入互动型交流式教学可以激发学生的求知欲，通过案例分析和总结，可以有效提高学生对公共问题进行分析和处理的能力，提高他们对社会热点问题的敏感度，让其更好地掌握基本的理论与方法。除了传统形式的课堂教学，公共管理课程还应鼓励学生利用互联网平台，如通过慕课（MOOC）、知网研学等线上平台进行自主学习，增加知识获取渠道，拓宽知识视野。除此之外，对于学生的考核方式也不能局限于平时成绩和期末考试，应结合实际社会需求，强化实践教学，将理论应用于实践。

六、结 语

从政产学研的角度来看，要对公共管理类专业人才培养模式进行变革，就必须要在政府的引导下，以高校作为主导，与企业和研究机构相结合，将已有的资源进行整合，从而达到多个主体共同进行教育的目的。高校需要根据自己的办学特色，将协同育人作为一条途径，在重视理论传授的同时，也重视实践的锻炼，从而培养出高层次、复合型的公共管理类人才，并对其专业素养进行有效的提高，为社会培养出更多同时具备公共管理伦理价值和专业能力的优秀人才，从而推动我国公共管理事业的发展。在科学界定政产学研多元主体协同育人模式的前提下，我们应该利用大数据技术，积极构建并利用智能平台，推动多元主体协同育人，从而实现政府、产业、企业、高校、科研机构等多主体间的资源整合与成果应用的连接，不断为国家强盛和民族复兴培养更多精英人才。

[①] 陈潭. 面向新文科建设的公共管理教育变革路向 [J]. 新文科教育研究，2023（2）：101-114+143.

法学专业实践教学"院企合作"
模式研究*

吕姝洁①

摘要： 法学具有很强的专业性和应用性，在教育教学中，应当秉持理论与实践并行的理念。其中，"院企合作"模式是法学专业实践教学工作中十分重要的教学模式。该模式的运行已经取得了较好的效果，但仍存在着合作内容不够完善、合作存在间隙以及考核方式重成绩轻能力等问题。通过组建"双师型"师资队伍，提升实践教学水平；在了解和倾听企业需求的基础上，结合不同种类实践基地，制定具体的合作方案；不断创新实践教学的考核模式，实现院企合作的"双赢"，全面提升法学生的理论水平和实践能力。

关键词： 法学；实践教学；院企合作

"院企合作"模式是以打造高素质专业型、应用型人才为目标，高校院系与相关企业单位合作培养在读大学生的教学模式，具体做法就是与其他机构进行合作，建立实践基地，搭建学生实践学习的优良平台。法学专业要求学生具有扎实的专业理论基础和熟练的职业技能以及合理的知识结构。② 采取"院企合作"模式是法学专业实践教学过程中的题中应有之义。2022 年，教育部办公厅发布《教育部办公厅关于开展全国高校书记校长访企拓岗促就

───────────

* 本文系教育部首批新文科研究与改革实践项目"高水平商科人才培养的政产学研协同育人机制创新与实践探索"（项目编号：2021090017）阶段性成果。

① 吕姝洁，天津商业大学法学院副教授，法学博士。

② 教育部高等学校教学指导委员会. 普通高等学校本科专业类教学质量国家标准（上）[M]. 北京：高等教育出版社，2018.

业专项行动的通知》①，许多高校法学院积极响应通知精神，纷纷开展"访企拓岗"活动，通过交流建立实践基地，为学生拓宽就业前景。

一、法学专业实践教学"院企合作"模式的必要性

（一）"固基础"：巩固法学理论知识

法学专业注重理论与实践相结合，法学教育需要注重基本理论教育，更要关注学生的法律应用与实践能力，形成严谨缜密的法律思维。在培养学生的法律实践能力和职业素养的过程中，只依靠课堂教学无法满足法学教育的需要。通过与企业的紧密合作，一是可以帮助学生深入了解法律实践中的各种问题和挑战，培养分析和解决问题的能力；二是与企业合作能够帮助学生了解现实社会的运作机制和法律需求，提升学生的法律意识和职业素养；三是与企业合作还能提供一定的学术指导和反馈，促进学生对理论知识的正确运用和实践能力的提高。总之，"院企合作"模式不仅能够检验学生法学理论知识的学习情况，也能够让学生学以致用，加强学习效果，巩固基础知识。

（二）"促就业"：促进法学生就业

随着人才市场竞争压力的增加，法学生找到满意工作的难度增大。首先，法学生从事法律工作需通过法律职业资格考试，因考试难度较大，相当一部分学生会脱产备考，导致学生就业延迟或不就业。其次，学生在学校的"象牙塔"与社会的"大熔炉"之间踌躇不前，从一个接受知识的学生身份马上转变成具备法律思维的法律人，往往感到措手不及，进而逃避工作害怕进入社会。"院企合作"模式能够很好地解决上述问题，不仅可以通过与企业合

---

① 教育部.教育部办公厅关于开展全国高校书记校长访企拓岗促就业专项行动的通知［EB/OL］.（2022-03-10）.http：//www.moe.gov.cn/srcsite/A15/s3265/202203/t20220322_609823.html.

作为法学专业学生提供更多的职业发展渠道，也能够在实践教学中帮助学生有机会接触到不同领域的法律工作，在了解行业需求的基础上，为自己的职业规划提供更多选择。"院企合作"模式，有利于法学生积累实践经验、提升职业技能、开拓视野和拓宽就业领域。通过与企业合作，可以为学生提供真实的工作环境和项目，帮助他们全面了解就业需求，提高就业竞争力。

（三）"搭平台"：加强院企之间合作

院企双方资源共享、互助互利，发挥各自优势，承担社会责任，共同促进合作的顺利开展。对于法学院来说，与企业的合作可以为法学院提供更多实践教学机会，能够适时性地发现法学人才需求，及时调整教学方向，通过与企业从业人员的交流，提升自身的实践经验和实践教学能力。学生可以在社会鲜活的案例中进行调研、咨询等活动，增加实践经验，在真实的工作环境中运用所学理论知识，培养解决问题和团队合作的能力。另外，院企合作过程中，学院可以以此为契机发现问题，更好地了解社会的法律需求，进而以问题为导向开展教学研究工作，在一定程度上提升学院理论研究水平。从长远来看，搭建院企合作平台，建立实践教学基地，能够促进社会资源的合理利用。学院可以通过与企业的合作建立广泛的社会网络，整合社会资源，为学生提供更多的实践机会、实习岗位和就业机会，增强他们的社会适应能力，形成学院、企业、学生的良性发展。

二、法学专业实践教学"院企合作"
模式的现存问题

（一）院企合作制度建设不健全

在院企合作过程中，存在着缺乏长期合作规划和人才培养计划问题，且实践单位通常讲究办公效率，如果学生缺乏主动发现问题并解决问题的能力，就会使实践教学活动的效果大打折扣。因缺乏有效、合理的合作制度，合作应有的效能并未被充分发掘。一是学院难以把控企业的实践教学指导活动和方式，无法结合教学计划和人才培养方案制订实践教学计划和目标。二是企业因担心需承担学生在实践过程中发生的人身、财产损害的赔偿责任，而不愿全面提供实践机会，使实践教学效果不好。三是关于如何开展实践活动，各方的职责等制度规范不健全，限制了合作效能的提升。

产学研结合已成为法学教育的重要发展方向，将科研、教育、生产在功能与资源优势上合理配置。通过与企业合作，法学院与企业共同建立起产学研深度融合的合作模式是提高教学质量的重要一环。只建立一个实践基地并不能解决问题，不能为了合作而合作，要将重点放在院企之间合作模式的不断完善和优化上，双方共同探索更加深入和有效的合作模式，搭建好学生培养工作的沟通桥梁，建立系统化、可执行的培养方案，从而真正实现产学结合，使院企合作能够更好地促进学生综合素质和就业竞争力的提升。

（二）双方对于实践教学的重视程度不同，缺乏互惠思维

在合作过程中，学院和企业的工作内容及目的并不一致，导致各方对实践教学活动的重视程度不同，互惠思维不足。一是学院一方为主要的推动主体，企业方有些被动，企业一方虽作为教学实践基地，但最主要的是创造价值，因此更注重工作效率，在相关实践教学中的投入不足。学生不能及时适应身份的转变，以及自身主动发现问题、解决问题的能力相对较差，实践教学效果不好。二是学院与企业存在沟通不到位的情形，导致实践活动设置不合理。通常在实践基地建成后，学院与企业之间的沟通会相对减少，加之学生在实践基地实习时出现的问题不一定会及时反馈给学院，学院获得的教学信息存在滞后性，导致实践效果不理想。

产生上述问题的主要原因有以下几点：首先，学院未根据不同的合作单位制定个性化的合作方案，合作单位的类型、经营业务不同，所需要的法律服务不同。如果一味地输送学生进入岗位实习实践，难以保障实践教学目标的实现。其次，学院未充分了解企业方面的需求，只注重学院的培养目标，合作形成了"壁炉效应"，主要表现为学生进入实习单位后，在短期内无法创造相应的效益，而实习单位则需要花费较多的物力、财力培养学生，学生在实习结束后留在实习单位的概率较小，导致合作主体的合作意愿较低，沟

通的积极性自然不高。[①] 作为推动主体的学院不仅需要关注实践教学目标和人才培养目标，也要关注企业的需求，在互惠中共赢。

（三）考核方式重成绩轻能力

大部分法学院将撰写实践报告作为评估学生实践能力的考核方式。此种实践教学的评价方式存在简单化、评估主体不全面、维度单一及过度注重成绩，而忽视法学生其他能力培养的问题。学生进入的实践教学单位不同，部分学生进入企业法务部门，部分学生进入司法机关，还有一些学生进入政府部门，不同单位的业务情况存在一定差异。但在实习效果评价方面，学校设置了统一的评价标准，即以实践报告完成度、活动参与次数等为主，该评价忽略了学生的人文素养、科学素养、社会关怀以及实践操作等其他方面的考核，导致实习评价不够具体，缺乏针对性。学生亦因实践教学评价方式的影响，对实践教学活动的重视度不足，不积极参与实践活动。最终，院企实践教学合作因各方参与度、重视度不足而流于形式。

三、法学专业实践教学"院企合作"
模式的优化路径

院企双方需要共同规划，建立一个完备的专业实践教学体系，以应对新文科教学改革所面临的现实挑战。只有建立完善实践教学体系，才能引导教师进行实践教学改革，调动学生的积极性和主体性，充分发挥企业在实践教学中的作用。

（一）细化合作方案，加强实践教学合作制度建设

传统情况下，法学生就业主要集中在公检法机关或企业法务部门。在全

---

① 张守波，苏贺新，张彤."产教融合"在高校应用型法学专业人才培养中的探索［J］. 黑河学院学报，2023，14（4）：88-90.

面依法治国的大背景下，除了这些岗位之外，不同工作单位对法学生的需求呈现日益增长的趋势。法学院应担任好学生的"探测器"，敏锐地发掘法学生的就业机会。以天津某大学法学院为例，学校与天津某公证处签约建设实践基地，开拓学生就业方向。①

1. 根据不同实践单位，确定合作方案

通过细化学院与不同实践基地的合作方案，加强合作制度建设。在实践基地的选择上，大部分学生倾向于选择法院、检察院、律所等实践基地，主要是此类实践基地是法学生就业的首选单位。但仍有一部分学生会投身于企业、公证处等，故在具体的实践基地合作中，应当针对不同的实践基地制定具体的合作方案，为学生有效实习提供保障。如法院、检察院能够提供真实的法律实践环境和案例资源，有利于培养学生的实践能力和职业意识。但作为公检法部门，日常的办案压力较大，加之进入此类部门需要通过相关考试，故此类实践单位在方向指导方面的积极性略显不足。在合作过程中，加强与法院、检察院等部门的沟通，根据其实践需要及不同学生的兴趣和专业方向，针对性地提供实践机会。另外，通过与此类实践部门共同开展实践教学、理论研讨等活动，将实践中的新问题、新方法融入实践教学中，为提升学生的实践能力奠定基础。

律师事务、企业和公证处等实践单位较为注重人才的"定向"培养，期望通过实践教学活动，为企业培养人才。在与此类实践单位的合作中，更需了解企业开展实践教学合作的初衷及企业未来发展的人才需求，争取通过实践教学活动，能为企业输送更多人才，增加企业合作的积极性。在具体的合作方案中，可以就合作期限、合作内容、培养目标、实践导师等具体内容进行协商，提高合作效率，提升合作效能。

2. 加强实践教学合作制度建设

实践教学是实现法学教育培养目标的重要教学环节，为提高实践教学的质量和管理水平，应当结合学院实际情况，制定具体的实践教学制度。实践教学制度应当秉持以培养学生应用能力为核心的实践教学理念，以培养学生

---

① 天津商业大学法学院. 法学院赴天津市渤海公证处开展访企拓岗活动并举行法学教学实践基地合作签约仪式 [EB/OL]. (2023-06-05). https://mp. weixin. qq. com/s/feQdTGjK82iw6BoRWS-abw.

实践能力和创新精神为主要目标，构建和完善适合法学专业发展和法律人才需要的实践教学体系。在与实践单位的合作中，一是制定实践单位管理制度，加强实践单位"入场"和"出场"管理，确保为学生提供优质的实践机会，保障实习活动的顺利开展。二是制定实践教学活动管理制度，规范实践导师参与实践教学活动的职责，明确具体教学目标，提升实践教学质量。三是制定实践基地评估制度，通过对实践基础和实践活动的评价，完善实践教学活动内容。通过全方位的制度建设，确保实践教学工作在科学、严谨、规范、高水平的状态下运行，提高实践教学质量，为增强学生就业、创业竞争力提供良好的条件和保障。

（二）了解各类企业人才需求，营造"双赢"局面

了解各类企业对法学专业人才的需求，才能为学生提供与企业岗位需求相匹配的实践机会，实现学生与企业之间的"双赢"。学院与企业实践教学合作，是针对性培养法学专业人才的重要方式。在合作中，学院方面发挥教育资源优势，企业主动发挥自身在经济资源方面的优势，实现协同育人。同时，学院与部分企业及司法机关构建院企合作长效机制，建立良好的院企合作关系并制订长期合作计划。法学院根据企业需求开设相关课程，企业主动参与学院实践教学活动，通过双向互动，使课程内容更加贴近实际工作需求。在实践教学活动中，各方结合实际案例开展教学和实践活动，从而提升法学课程的专业性、有效性，培养学生解决实际法律问题的能力，增强其实践操作能力。

首先，法学院要与企业共同建设法学专业市场化人才培养战略，加强校企之间的交流与配合，紧紧围绕市场企业发展的需要开展相关法律人才的培养工作。其次，学院在合作过程中发现实践中出现的前沿问题，依托学院优渥的学术资源，及时开展理论研究工作并将研究成果反馈于企业，努力解决企业面临的棘手问题。最后，学院在法学专业的课程设置上不断创新，结合实践需要创新相关课程，如开设企业合规、法律诊所、法律文书写作等课程，在满足用人单位需要的同时，拉近学生在实践能力和职业素养方面与就业市场的要求之间的差距，进一步加强实践单位合作培养法学生的意愿。

（三）优化学生实践考核方式，注重综合能力考察

学生进入的实习单位不同，实习业务、实习经历存在差异，学院应当据此制定差异化人才培养标准，针对法学专业实践教学建立科学、完善的实践教学评价体系。包括定期评估学生在实践项目中的表现、实际操作能力和团队协作能力等。通过综合考核，全面评估学生的实践能力，为"院企合作"机制的不断优化提供更加准确的反馈和指导。具体思路有以下两点：第一，以"双师型"师资队伍为依托，采用实践基地教师考核与法学院教师考核"双考核"模式。考核成绩应由这两部分组成，具体的成绩构成可以结合上述不同类型实践基地的特点进行设计，突出差异性、针对性，并与该学生所处的实践基地进行沟通交流，了解学生在实践期间的具体表现，进而给出准确的考核评价。第二，考核形式多元化。在以往的撰写实习报告的基础上，可以加入面试、模拟法庭等多元化的考核形式，对学生的专业知识、应变能力、职业能力、文书撰写能力等进行全方位的考核。优化学生的实践考核方式，注重综合能力考查，有助于全面评估学生能力、培养学生综合素质、激发学生积极性和自主学习能力，并为他们提供指导和反馈，推动其在实践中的进步和成长。

（四）建立"双师型"师资队伍，增强交流合作

培养既具备学术研究能力又具备实践经验的"双师型"师资队伍，教师能够将自身的实践经验融入到教学中，提升学生的实际操作能力。在英国，法律教育分为两个阶段：理论阶段和实习阶段。学生在完成三年的理论学习课程后进入实习阶段。实习阶段采取"学徒制"的教学模式，一般由律师事务所承训，通常派经验丰富的律师采取"师傅带徒弟"的传统方式进行指导。[①] 在我国，想要成为正式律师，也需要和带教律师学习，进行为期一年的实习。由此可见，在法学专业的实践教学中由职业法律人担任实践教师是十分有必要的。可以借鉴"学徒制"的模式，打造既具备学术研究能力又具

---

① 尹超．"同源分流"与"殊途同归"——英美法律教育发展路向之比较［J］．当代法学，2009，23（4）：126-131．

备实践经验的"双师型"师资队伍。法学专业的师资力量是做好法学教育教学工作的保障。值得注意的是，在"双师型"师资队伍中，学院应当为主动推进的一方。实践教学是法学专业教学的一部分，学院在教学方面更加专业，不能因为建立实践基地而放手不管，学院应当做好与实践基地的沟通，同时做好学生工作，倾听学生的实习心得。两位教师共同设计培养目标和教学大纲，维系好教学质量，定期进行业务培训，使教师掌握最新的法律知识和教育技能，尤其是与企业经营相关的法律知识，使其能够将实践经验融入到教学中，提高学生的实际操作能力。企业一方推选出业务能力较强、富有责任心且有意愿参与到法学专业实践教学中的法律职业人士，与学院教师相互配合，推动社会优质资源向育人资源转化。通过"双师型"队伍建设，制定双师授课规划，更新授课内容，改进教学方法、教学技巧，提高教学质量，增强教学效果。使学生摆脱被动接受的束缚，激发其在学习中的自主探究意识，践行创新理念；充分利用现场实践式教学等手段来提高学生的职业实践能力，培养法学应用型人才。

四、结语

推行法学专业实践教学"院企合作"模式，对于提高学生的实践能力和就业竞争力具有重要意义。通过与企业合作，结合不同实践基地的特点，了解企业需求，建立"双师型"师资队伍并优化学生实践考核方式，可以让"院企合作"模式变成"一箭三雕"的重器，让学生专业水平和就业问题好起来、学校的教育教学工作优起来、企业的发展快起来。进而保证法学专业学生高质量就业，为国家输送高素质、应用型法学人才，推动国家法治事业发展。